Manatu Melie 2

School Friends FWPS Kolovai 1955

Kaungā Ako 'i Nāsaleti Kolovai 1955

Sione Tapani Mangisi

Copyright

School Friends FWPS Kolovai 1955

Kaungā Ako 'i Nāsaleti Kolovai 1955

By Sione Tapani Mangisi

Previously published as **Slates and Ghosts/Makatohi mo e Tēvolo** in 2020.

Published by Puletau Publishing, Melbourne, 2023 .

Copyright © 2020 John T Mangisi

Editing and Design: Irene Webley
Illustrations: Elizabeth Paris Cocker
Beta Reader: 'Aleiteisi Lātūkefu Tangi

John T Mangisi asserts his moral right to be known as the author of this work.

No part of this book may be reproduced by any process, stored in a retrieval system, or transmitted in any form by any means electronic, mechanical, photocopying, recording or otherwise without the prior written consent of the copyright holder, apart from fair dealing for the purposes of private study, research, criticism or review.

All Rights Reserved

ISBN 978-0-6488850-9-2

Dedication

From little things big things grow.

This book MM2 is dedicated to all the lifelong friends I made while attending FWPS Kolovai from 1955 to 1959.

My respect and gratitude go to the Principal Malakai Sāmate and his staff for being the role models that they were in the classroom and in their behaviour in general.

To the girls and boys of my class: we shared friendship, fun and mischief, learning more than we knew. Thank you for all that you are. Many of us have departed but the memories are still sweet and lovely.

Ko e Foaki

He 'uke ha tulutá 'aonga ki he há

'Oku foaki eni ma'a hoku ngaahi kaungá ako kotoa pe na'a tau maheni lolotonga 'eku 'i he 'Apiako Teu FWPS Kolovai mei he 1955 ki he 1959.

Faka'apa'apa atu mo e fakamāló ki he Pule Akó Malakai Sāmate mo e kau Faiakó hono kotoa 'i he taki lelei na'a mou foaki kia kimautolu 'i loki ako pea mo tu'a, 'i he tātá sīpinga fungani kemau muimui kiai.

Ki hoku fanga tuōfāfine mo e fanga tokoua na'a tau kalasi fakatahá : na'a tau vahevahe 'ihe mahení, mo e fiefiá, mo e pau'ú he taimi e ni'ihi. Fakamāló atu 'aupito. Kuo mavahe atu hotau toko lahi ka ko e manatú 'oku kei melie pe mo faka'ofo'ofa.

Faka'apa'apa atu. Māló

Contents

Ko e Hokohoko

The Manatu Melie Series 1
Koe 'Uuni Tohi Manatu Melié 1
Tips on Spelling and Pronunciation 7
Tokoni ki he Sipelá pea mo e Pu'aki Leá 7
Introduction 11
Ko e Talateu 11
Part 1: Fridays are the Best 17
Konga 'Uluakí: Sai taha pe Falaité 17
Part 2: Getting to School 30
Konga Hono Uá: Lue ki he Akó 30
Part 3: Lessons 44
Konga Hono Tolú: Ngaahi Lēsoní 44
Part 4: Working Together 57
Konga Hono Fá: Ngāue Fakataha 57
Part 5: Friends Again 67
Konga Hono Nimá: Mau Toe Vā Lelei 67
Postscript 82
'Ikai Ngālo 82
Our Team 84

v

Kau Ngāué 84
The Writer 84
Tokotaha Fa'u Tohí 84
Editor and Design Manager 87
Koe 'Etitá mo e Tufungá 87
The Illustrator 89
Tokotaha Tā Fakatātāá 89
Our Beta Reader 91
Tokotaha Lautohí 91
Reader Feedback 94
Ho'omou Ngaahi Tokoní 94
Other Publications 96
Ngāhi Tohi Kuo 'Osi Pulusi 96
Contact Us 97
Fetu'utaki Mai 97

The Manatu Melie Series
Koe 'Uuni Tohi Manatu Melié

This is the second book in the **Manatu Melie** series that began with *Marbles and Mangoes*. I have been absolutely blown away by the warmth and enthusiasm to that story and hope that you enjoy this one too. And you have told me that memories make you laugh. And sometimes make you cry. Me too.

Koe tohi 'aki eni hono ua 'o e 'uuni tohi Manatu Melié 'a ia na'e kamata'aki 'a e *Mapu moe Mango*. 'Oku ou fiefia ke fakaha atu 'a 'eku 'alu pe he 'eá 'i ho'o mou tali māfana mo fiefia 'i ho'o mou lau 'a e tohi koia. 'Oku 'i ai 'a e 'amanaki temou ma'u ha māfana mo ha fiefia tatau pe 'i ha'amou lau 'a e Manatu Melie 2. Na'a mou manatu, mo fiefia, faka'osi tangi. Pehé pe moau.

The series began out of a chance encounter in 2019 when Irene and I visited family in New Zealand for the first time in a long while. We knew that two of my friends from the group of us who got scholarships to study trade qualifications in New Zealand in 1966, would be in Auckland when we got there towards the end of our trip. We arranged to meet up for a chat. After all it had been over 30 years. It turned out that we had only a few hours free instead of the days we hoped for. So we ended up sitting upstairs in the food hall at Auckland airport catching up about our time in Wellington all those years ago. And laughing. And remembering. Warm with emotion.

'I he ta'u kuo 'osi 2019 na'aku 'alu ai mo Irene ki Nu'usila ko e vakai e famili he kuo fuoloa fau e ngaahi ta'u mo e te'eki fai ha felōngoaki. Na'e 'i ai e ongo tangata nofo 'Okalani na'a mau omi fakataha mei Tonga he 1966 ko e kau ma'u sikolasipi ako ngāue ki Nu'usila pea na'a mau alea kemau fe'iloaki 'i 'Okalani he 'osi 'e ma 'a'ahi ki mu'a pea ma toki foki mai ki heni. Ko e ta'u eni e 30 tupu mo e 'ikai ha fetu'utaki. Na'a mau 'amanaki temau feohi ha ngaahi 'aho kae pangó ne fu'u 'api'api 'a e taimí pea mau iku fe'iloaki pe mo fakamāvae 'i mala'e vakapuna. Mau nofo pe 'i 'olunga he ngaahi fale kofi 'o talanoa fiefia mo manatu melie ki he taimi na'a mau feohi fakatamaiki ako ai 'i Uelingatoní he ngaahi ta'u koiá. Mau fiefia. Mau kakata. Mau mafana he manatu melié.

It was probably the best part of my holiday and when we got home to Melbourne I thought for some time about the importance of remembering, recapturing our shared stories. It dawned on me that all of us had many stories, about growing up in Tonga, about navigating our way through the challenges and opportunities in New Zealand. Some of these haven't been told publicly at all: for example in Tonga we still praise people graduating with university degrees and those of us who qualify as plumbers, electricians, refrigeration/HVAC mechanics, hairdressers, nurses, are often downplayed.

Ko e konga mahu'inga eni kiate au 'i he 'ema 'eva mālōlō, pea 'i he 'ema foki ki Melipoané na'e e'a mahino 'aupito kiate au 'a e mahu'inga 'o e manatú mo e ha founga ke vahevahe ai 'ete fo'i talanoá. 'Oku 'i ai 'a e ngaahi talanoa 'ia kitautolu taautaha. 'i he 'ete tupu hake 'i Tongá, ngaahi faingamālie pe ha palopalema na'ate feia ai mo solova lolotonga 'ete 'i Nu'usilá. Te'eki i ai ha talanoa pe laaulea ki he ngaahi me'a lahi. Hangé ko ení: koe tokolahi 'oku nau kei tui pe ko e 'uhinga 'o e akó, ke ma'u hato mata'itohi mei ha 'univesiti ka e 'ikai fu'u mahu'inga 'a e ako ngaué, hangé ko e palamá, 'uhilá, 'aisí mo e 'ea fakamokomokó, ngaahi 'ulú, neesí, 'ikai nai ke nau fu'u mahu'inga fau.

As a community we have always been storytellers: in song and in dance, in discussions around the kava bowl or making ngatu, well before Europeans arrived. I used to go to the bush with my dad when I was a child and while we worked on his land, or gathered coconuts, he would tell me stories, many of which I still remember.

'Oku 'i ai hotau tala fakafonua: 'oku hāmai 'i he ngaahi ta'anga 'a e kau punaké pea mo e fakahaka 'o e ngaahi tau'olungá, talanoa felāfoaki 'o e faikavá, 'i he koka'angá, kimu'a 'aupito eni ia pea toki omi e kau papālangí ki hotau fonuá. Ma fa'a ó ki 'uta mo 'eku tangata'eikí 'o tufi niu pea ne fa'a talanoa mai kia au e ngaahi me'a lahi, kei tu'u pe he 'eku manatú.

However, in this the 21st century, we are a community dispersed throughout the world with many of us no longer speaking Tongan. We are in danger of losing our language and our stories if we do not do something about it.

Ko e senituli 21 foki eni, pea kuo tau folaua e ngaahi feitu'u kotoa pé 'o e kolopé, pea me'apango ko e tokolahi kuo mole 'a e lea fakaTongá ia 'o 'ikai ke nau toe ngāue'aki. 'Io, 'e mole 'a 'e tau leá pea mo 'e tau ngaahi talanoá kapau he 'ikai ke tau fai ha ngāue ki ai.

So with the pleasure of meeting up with old friends still fresh in mind I decided to write some of my stories. And to write in Tongan *and* English, in the hope that this would encourage other Tongans to use our language and even more to write up their own stories for their children, grandchildren and future generations.

This is the WHY of the MANATU MELIE series.

Koia 'i he lolotonga 'a e kei māfana mo e fiefia he 'emau fe'iloaki mo hoku ongo kaungá akó, na'á ku pehē leva 'i hoku lotó, "Taimi eni keu fanafana atu ai ha fanga ki'i talanoa." Ko e fanga ki'i talanoá 'e tohi 'i he lea fakaTongá pea mo e lea fakaPilitaniá, 'i he faka'amu te mou lau 'a e tohi fakaTongá pea hulu atu, ke ne fakalotolahi'i ko e ke ke tohi ho'o fo'i talanoá ma'a ho'o fānaú, fanga makapuná, pea mo e kaha'u hota tala fakafonuá.

Ko e 'UHINGA eni 'o e 'uuni tohi MANATU MELIÉ.

I hope that people read the books to their own children and grandchildren and use them to begin new conversations about their own experiences. It will delight me greatly if this results in many more books in Tongan being published. Not only for children but also for us oldies to read and remember and chuckle.

'Oku 'i ai 'a e faka'amu te mou lau 'a e tohi ni ki ho'o mou fānaú mo e fanga makapuná foki pea ke hoko ia ko ha kamata'anga ha'a mou pōtalanoa ki he kuohilí. 'Oku 'i ai 'a e fiefia mo e faka'amu 'e hoko 'a e tohi ni ko e fakaloto lahi kiate koe ke ke tohi ho'o fo'i talanoá pe a ke pulusi ia 'i he lea fakaTongá. 'O 'ikai ko e 'ai pe ma'ae tamaikí, ka ma'a tautolu lalahí foki ke tau lau, mo manatu mo kata fiefia ai.

Tips on Spelling and Pronunciation

Tokoni ki he Sipelá pea mo e Pu'aki Leá

Tongan is a Polynesian language, one of a family of languages in the Pacific region, with similar vocabulary, grammar and core sounds, suggesting that they have the same roots. Trade, migration and conquest in pre-European history of the Pacific all contributed to the spread of these languages which evolved differently but with the core elements still found in all of them.

Ko e lea fakaTongá ko e taha ia 'o e ngaahi lea 'o Polinisiá, pea neongo 'oku lahi hono ngaahi va'ava'á, ko e ngaahi tefito'i leá, kalamá pea mo e anga 'o e pu'akí 'oku meimei tatau kotoa pe, pea ngali ai 'oku nau tefito taha pe. Tupu me i he fe'alu'aki fakaloto Pasifiki pe 'a e kakaí pea mo e nofo vāmama'ó, kimu'a pea toki omi e kau papālangí, ne mofele ai e lea 'o Polinisiá 'i he Pasifikí pea tupu ai 'enau faikehekehé ka nau meimei tatau pe.

Pacific cultures were based on oral traditions and their languages were first written down by European sailors before being systematically converted to text by missionaries in order to translate the Bible and to preach in local languages and for good general communication purposes. They used their own alphabet to do this, even though there were some significant differences between the two language families.

Ko e ngaahi lea 'o Polinisiá mo e ngaahi tala fakafonuá na'e talanoa'i pe. Toki omi e kau papālangí tautefito k ihe kau ngāue fakamisinalé 'o tohi e ngaahi lea 'o Polinisiá, kau ai 'a Tonga, ke nau ngāue'aki ki he liliu e Tohitapú, 'e nau ngaahi malangá pea mo e fetu'utaki lelei ange foki mo e kakai 'o e fonuá. Ko e founga tohi fakaPilitāniá na'a nau ngāue'akí neongo 'a e faikehekehe lahi 'a e ongo lea ni.

Tongan words may start with a vowel or a consonant. All consonants are always followed by a vowel. That is there are no double consonants. The one exception is "**ng**". This is because these two letters together make a sound similar to the "ng" in the English word "singer" and the English alphabet has no single letter for that sound. However all words must end with a vowel or doubling of the same vowel to designate the elongation of the vowel at the end of the sentence or phrase. Note that there is one word that has all the vowels including the glottal stop: 'OIAUE! Which simply means OMG!

Ko e fo'i lea kotoa pe 'e lava pe ke kamata'aki ha fo'i vauele pe ko ha fo'i konisonaniti. Pea ko e konisonaniti kotoa pe 'e hoko mai 'aki ha fo'i vauele. 'Oku 'ikai ngofua ke tu'u ua ha konisonaniti. Tuku ke he pe 'a e "ng" ke ma'u ai 'a e ongo ko e 'nga' hange ko ia 'i he singá. 'Oku 'ikai ha mata'itohi ia 'i he lea fakaPilitania 'oku pu'aki "ng". 'E lava pe ke tu'u ua 'ae vauelé ke fakaha'aki 'a e lōloa hono pu'akí, pea ko e fo'i lea kotoa pe kuopau ke faka'osi vauele. Fakatokanga'i ange 'a e fo'i lea 'oku katoa ai e vauelé pea moe fakau'á ko e: 'OIAUE.

Vowels in written Tongan take one of three forms, depending on context and meaning. The basic form is the standard vowel – **a** for example. But a vowel preceded by an apostrophe – **'a** for example – indicates a pronunciation shift similar to a glottal stop in European languages. A vowel may also be written with a macron or acute – for example ā or á. This indicates that the vowel is lengthened and vowels with this form are sometimes written as a doubling – **aa** for example. In this book I have used them all where deemed appropriate in line with modern day usage. The acute **á** is typically used only on the ending vowels.

Accents are important because they can alter the meaning of the word, sentence or even the text.

Ko e vauelé he lea fakaTongá 'oku ngāue'aki he founga maheni e tolu. Hangé ko e (a). Kapau 'e 'i ai ha fakau'a ('a) 'i mu'a pea 'e kehe hono pu'akí 'ona. Kapau 'e 'iai ha toloi 'i 'olunga (ā) pea 'e toe kehe hono pu'akí 'ona. 'A ia ko e fakalōloa e pu'aki 'o e fo'i leá. Pe ko e tohi'i tu'o ua (aa). Na'aku ngāue 'aki kotoa pe 'i he tohi ni. Ko e faka'ilonga (á) 'oku ngāue 'aki pe ki he vauele faka'osí.

'Oku mahu'inga e ngaahi faka'ilonga ko ení he'e makatu'unga ai e 'uhinga 'o e fo'i leá pe ko e setesí pe ko e 'uhinga ho'o fakamatalá.

Introduction

Ko e Talateu

There are two primary schools at Kolovai – a Free Wesleyan Primary School (FWPS) and a Government Public School (GPS). When I was a kid, the GPS was located directly opposite the Pouvalu cemetery and next door to the dispensary residence where we lived. The FWPS was located further down the road after the Hihifo Rugby grounds and adjacent to the bush area before 'Ahau village on the main road. New houses have taken up a lot of the area since. This is where I went to school from Class 1 to Class 5 leaving at the end of the school year 1959. About 1957-8 my Dad was transferred back to Vaiola Hospital and we had to move out of the dispensary at Kolovai to Ha'avakatolo to live and he just commuted to Nuku'alofa for work.

'Oku 'i ai 'a e 'Apiako Teu 'e 2 'i Kolovai. Taha 'a e Siasi Uesiliana (FWPS) pea taha 'a e Pule'angá (GPS). Ko e Ako Pule'angá na'e tu'u fehangahangai tonu pe mo e fa'itoka 'o Kolovai ko Pouvalu. Ko e Fale Mahakí 'oku kei tu'u pe he feitu'u tatau talu pe mei homau taimí, ki he to'omata'u 'o e Ako Pule'angá. Ko e Ako Teu 'a e Siasí (FWPS) 'oku ki'i mama'o atu ia he 'osi pe 'a e mala'e 'akapulu 'o Hihifó. Toki kamata leva e vaó he vaha'a mo 'Ahaú. Kuo 'osi nofo'i foki ia he taimi ni. Ko e 'Apiako Teu eni na'aku ako ai mei he Kalasi 1 ki he Kalasi 5 pe au mavahe he 'osi 'a e 1959. 'I he 1957-8 na'a mau hiki ki Ha'avakatolo 'o nofo ai he na'e fiema'u ke foki 'a Mangisi ki Vaiola 'o ngāue ai.

The FWPS building is a long, narrow, single story building on concrete stilts some half a metre above the ground, and about 10 metres wide and 40 metres front to back. All the classes, one to five, were held there, with Class 5 closest to the road and Class 1 at the back, furthest away. The other classes were spread out in order in between.

Ko e faleakó ko e fale fāsi'i ka e loloa pea meimei senitimita pe 'e 50 mei he kelekelé. Mahalo pe ko e mita e 10 hono fālahí pea mita nai e 40 lōlōa mei mu'a ki mui. Ko e Kalasi 5 he taupotu ki halá pea Kalasi 1 he mui'i fale 'e tahá. Toki fakaholoholo atu leva hono toe 'o e 'u Kalasí he vaha'á.

The building had three doors then. Halfway along and facing the football ground was the main entrance where we all used to line up every morning. The road end had a stage and two shutters one each side as well as a door facing the road. And there was another door at the far end and some shutters in between.

Na'e ' i ai e matapá hū'anga 'e tolu. Ko e matapá lahí na'e tu'u ia he vaeuá, hanga ki he mala'e 'akapulú. Pea ko e feitu'u eni na'a mau tu'u laine ai he pongipongí kotoa. 'I he tafa'aki ki he hala pule'angá na'e 'i ai e ki'i funga siteisi mo e ongo matapá teke taki taha he ongo tafa'akí, pea mo e matapá hū'anga hanga atu ki he halá. Mo e matapá 'e taha he mui'i fale 'e tahá, pea mo e 'u matapá teke he vaha'á.

Inside each class had its own special area. Classes 1 and 2 would sit on Tongan mats on the floor along with their slates and chalks. Classes 3, 4 and 5 would have their own desks and would use exercise books and pencils or pens.

Taki taha pe kalasi mo ho nau ki'i feitu'u. Ko e Kalasi 1 moe 2 nau nofo pe he falikí he fanga ki'i fala pāongo pe koe takapau mo 'e nau makatohí mo e sioka ke tohi 'aki. Koe Kalasi 3, 4 moe 5 na'a nau nofo tesi kinautolu pe a tohi 'aki e peni moe pepa.

The teachers would use blackboards along the walls and had their own desks. I think class three moved to desks sometime during my time there, but at the beginning they too would sit on mats on the floor.

Na'e ngāue 'aki 'e he kau faiakó e ngaahi fu'u palakipoe ofi pe ki he holisí pea ' i ai pe mo honau ki'i tesi. Ko 'eku manatu'í na'e nofo pe he falikí mo e Kalasi 3 pea nau toki hiki ki he tesí lolotonga 'eku kei 'i he 'apiakó.

The teachers I remember were: Malakai Sāmate (Principal), Usa (Senior Assistant), Sāpina, and Moala. There were others of course but I don't recall their names.

Ko e kau faiako kou manatu'í ko: Malakai Sāmate (Puleakó), Usa (Tokoni Pulé), Sāpina, mo Moala. Na'e 'i ai mo e ni'ihi ke he ka kuo ngālo honau ngaahi hingoá.

I remember there was a big old mango tree at the front of the school grounds near the road and another one on the neighbour's land at the back. They were often quite busy especially at lunchtime break with us children playing there, especially marbles.

Kou manatu'i e fu'u mango lahi 'i mu'a he ve'e halá pea mo e taha ki mui 'aupito he kaungā'apí. Ko e ongo feitu'u fai'anga mapu eni ne mau lata ki ai he taimi mālōló 'a e akó.

Part 1: Fridays are the Best

Konga 'Uluakí: Sai taha pe Falaité

Friday was my favourite day at school. It was the last day of the week and there would be two days of no-school coming up. And for us boys in Class 5 Friday was really great because every fortnight there was hardly any school work on that day. We had a working bee in the afternoon at the Principal's food garden plot in the bush.

Kou sai'ia taha pe he 'aho Falaité. 'Aho faka'osi eni e uiké pea mālōló he 'aho e ua hoko maí. Ko mautolu e tamaiki tangata he Kalasi 5 na'a mau meimei ó fakauike ua 'o 'aho ngāue he ngoue 'a e Puleakó 'i 'uta.

We might have a few lessons in the morning, but in the afternoon our teacher, the senior assistant, would take us over to the Principal's garden to work on weeding and planting taro, gathering firewood and that.

'I he pongipongí mau ki'i ako taimi si'i pe, ka 'i he efiafí mau ó mo e Tokoni Pulé ki 'uta 'o ngāue he ngōue 'ae Puleakó, huo mo tó talo, tá fefie mo tá toume.

The Principal was usually from out of town and did not have any means of providing for himself and his family. And the salary was so meagre that the locals had to pitch in to help.

'I he taimi lahi ko e Puleakó ko e sola mai ki he koló pea 'ikai ha feitu'u tonu ke ma'u mo'ui mei ai mo tauhi hono familí. 'Ikai fe'unga e vāhengá ia koia ai na'e fiema'u ke fai ki ai ha tokoni.

We would be advised on the Monday or the Tuesday of the works to be done on the Friday coming and thus what tools we would need to bring from home. A quick round of the class would ensure that we will be bringing different tools on the Friday and not end up with everyone bringing all machetes.

'I he Monite pe Tusite 'o e uike 'aho ngāué, 'e fakapapau'i ai 'a e ngāue ki he Falaité pea mo e ngaahi me'a ngāue 'e fiema'ú. Fakapapau'i aipe, ke 'oua 'e omi mo e helepelu kotoa pe huo kotoa.

The garden plot, Siufakatele, was not too far away from the school on the way to 'Ahau village.

Ko e 'api 'utá ko Siufakatele na'e 'ikai ke fu'u mama'o meihe apiakó, 'i he vaha'a vao mo 'Ahaú.

When we left the school grounds, immediately on the right was the district's stray horse compound. It had a fence around it. A simple wooden one, about 30 meters square with only two rungs. The top one was about 2 meters high so the horses can't jump over and escape. And there was a lower one at about a meter off the ground, that's it. Inside were several big guava trees, maybe 4 or 5 that always seemed to be in season, and overloaded with fruits, little ones, big ones and ripe ones. Some half eaten by the flying foxes during their nightly foraging.

'I he tafa'aki to'omata'ú hoko atu pe ki he 'apiakó, na'e tu'u ai e 'a hoosi fakavahe fonuá. Na'e 'aā'í, mahalo pe ki he mita e 30 tapafá, meimei mita e ua ma'olungá ke 'oua e lava ha hoosi 'o puna ai, mo e va'a papa pe e taha mahalo pe ki he mita pe 'e taha meihe kelekelé. Na'e 'i ai mo e ngaahi 'ulu kuava lalahi mahalo e 4 pe 5 'i he loto 'aá pea na'a nau fua tavale pe nautolu he taimi kotoa pe. Kuava fuo lalahi mo e fuo iiki, mata mo e momoho, mo e ni'ihi kuo 'osi kai pe hono konga 'e he fanga peka ne nau paati ai 'anepó.

Stray horses are kept in there while the town officer tries to find out who owns them. Or if you have lost your horse you generally check out the pound first to see if your horse is there. If no-one claims a stray horse in a week or so then the town officer will auction it and the money goes to the government coffers.

Ko e 'a hoosí 'oku tauhi ai e fanga hoosi holá. Kapau kuo hola ha'ate hoosi pea te 'uluaki 'alu 'o vakai ki he ngaahi 'a hoosi na'a 'oku 'i ai. Kapau 'oku 'ikai pe a te toki faka'eke'eke holo ai pe. Kapau 'e 'osi ha uike e 1-2 tau pehé 'oku te'eki ke ha'u ha taha ke 'ave 'a e hoosi pea 'e fakatau tuki leva ia pea 'ave 'a e pa'anga koia ki he Pule'anga.

So come Friday we'd gather up our tools and walk over to Siufakatele. The senior assistant Usa who usually took us to the garden was a fairly slight man who walks quite fast and he would lead the way with everyone following.

Koia ko e efiafi Falaité eni pea mau tanaki 'emau me'a ngāué ke mau lue ki Siufakatele. Ko Usa ko e tokoni Pulé na'a mau fa'a 'alu moia ki 'utá. Ki'i sino pahau pea laka fakatovave ma'u pe. Koia 'oku takí pea mau muimui atu.

Some of us would intentionally fall behind so as to pick guavas at the horse pound. The gate was usually locked and you are not allowed in there but we just bent down a bit to miss the middle rung and we were inside.

Ko e konga 'o mautolu mau fakatōtōmui pe mautolu ke ó 'o toli e kuava he 'a hoosí. 'Oku loka'i e matapá he 'oku tapu e 'alu ki lotó ka na'a mau ki'i punou pe mautolu pea mau hu ki loto.

And so Usa would get to Siufakatele only to find half the boys missing. He would send someone back to check where we were and of course we were all up there in the guava trees, picking guavas.

A'u pe a Usa ki Siufakatele 'o fakatokanga'i ko e konga pe kau leká 'oku 'i aí. Fekau e leka e taha ke fuki 'o vakai pe koté hono toé. Ha'u e tamá ia 'oku mau kātoa atu mautolu he 'ulu kuava he 'a hoosí mo toli fakavave na'a ha'u ha taha.

The messenger arrives, we quickly jump down and run on to Siufakatele. We bribe off the messenger with a few guavas and hide our harvest in the bush before making our entrance back with the working gang. Usa would grumble a bit and we'd get on with our chores. I was almost always with the fire wood collectors as we were too little to do digging or use the hoe for weeding and that.

'Asi mai pe leká mau puna fakavave hifo meihe 'ulu kuava 'o lele ki Siufakatele. 'Oange pe ngaahi fo'i kuava 'a e leká ke tapu toe lea. Pea mau fufuu'i leva hono toe 'o e kuavá he vaó pea mau toki 'asi atu ki he ngōue'angá. Ki'i tafulu pe a Usa pea mau hoko atu 'emau ngāué. Kou meimei kau ma'u pe au he kau leka tá fefié mo e tá toumé he na'a mau fu'u iiki mautolu ke huo mo keli.

Some of the boys though were already tall and strong. And knew a lot about working the bush gardens. And about rugby. Some were small and weedy, like me. We were typically the younger kids in the class. Although everyone was supposed to start school at six, and most did, not everyone managed to get through school without delays.

Kau tama e ni'ihi nau 'osi lalahi mo mālohi nautolu pea toe poto he ngōué. Toe poto foki he 'akapulú. Fa'ahinga e ni'ihi nau kei iiki mo tutue hangé pe koaú. Neongo na'e kamata e akó hoto ta'u 6 na'e 'i ai pe fa'ahinga na'e ki'i tomui 'enau 'osí.

This really had nothing much to do with how smart you were, or how well you managed to do in school. It was more to do with how well your family was doing and how much they might need help through the year. I wonder now if it might have also depended on whether you could pay school fees, but I don't remember anyone talking about that back then.

Na'e 'ikai ko e 'uhingá ko ha 'atamai tuai, ka mahalo ko e tupu pe meihe anga 'o e 'ātakai 'o e nofó. Pe na'e i ai ha ma'u 'anga pa'anga 'a e familí ke totongi 'aki 'ae akó mo e ngaahi fiema'u kehekehe 'a e fānaú mo e familí. 'Ikai kemau talanoa ki ai ka ko e anga pe 'eku fakakaukau ki he taimi koiá.

My father, Sione Mangisi, was one of the few men who had a government job and a good one at that – in his case as the local doctor for the district. A lot of families didn't have any money in those days. It was all pretty much subsistence living, where you depended on sale of your copra and your extras to get cash. And there were not very many extras that other people wanted to buy anyway because everyone had their own. It's hard to sell taro to someone who has more in their own garden than you have.

Na'e kau 'eku tangata'eikí ko Sione Mangisi he ki'i kau tokosi'i na'a nau ngāue ki he Pule'angá, pea toe ngāue lelei foki he ko ia na'e Toketa ki he vahefonuá. Ngaahi famili e ni'ihi na'e 'ikai ha ma'u 'anga pa'anga ia e taha. Ko e tokolahi 'o e kakai na'a nau ngāue pe ki 'uta ke ma'u mo'ui mei ai. Fakafalala pe ki he fua niu mataká mo fakatau atu ha ngaahi kato tokonaki. Faingta'a pe ke fakatau atu he 'oku meimei taki taha nofo pe kakaí ia mo 'enau ngōue.

There were those who sorted this out by harvesting other peoples' gardens – without their permission. Fortunately, not too many of them, but we generally knew who they were as they were still eating well even without their own food garden.

Na'e 'i ai pe mo e fa'ahinga na'a nau ó fakapulipuli pe 'o "lele" he ngōue 'a e kakai ke hé. Nau mā kinautolu he kolé. Ko e saí pe he na'e 'ikai ke nau fu'u tokolahi. Mahalo'i pe foki he na'a nau kai pe neongo na'e 'ikai ke 'i ai ha'anau ngōue.

So, a family would collect coconuts not only to make copra or to sell, but also to feed their pigs and for their own family needs, cooking, making oil, and so on. Coconuts by the way are one of the most useful and essential items in a Tongan home.

Ko ia, taki taha feinga pe, tufi niu ke fakamataka mo fakatau atu, fafanga ha fanga ki'i puaka pea mo e ngaahi fiema'u faka'api Tongá pe. Hangé ko e lolo'i haka, ngaahi lolo mo e ngaahi me'a kehe pe. Ko e taha e niu motu'ú he me'a mahu'inga 'aupito ki he nofo faka'api Tongá.

You could also sell pigs or chickens if you have any. And some people might have managed to get a goat or two, or a cow, as well as a horse. But if you can, you try and keep these for special occasions like funerals and weddings. And this is how you get money to pay school fees or buy school uniforms.

Kapau 'oku 'i ai ha fanga ki'i puaka pe ko e moa, 'e lava pe ke fakatau atu. Fa'ahinga e ni'ihi na'e 'i ai mo ha kosi e taha pe ua, mo ha pulu mo e hoosi. Ko e fanga monumanu lalahí na'e tuku pe ki he ngaahi me'a mahu'inga hangé ko ha putu pe ko e mali. Ko ia ko e ngaahi halanga pa'anga pe ení 'a e kakaí ke fua 'aki 'a e totongi akó mo e ngāhi fiema'u 'a e familí 'i homau taimí.

Anyway, some boys might have repeated some years to pass from class to class, so by the time we were all in class five they might be 13-14 and been shaving for a year or two. And there was me at 11 trying to keep up, shaving for two years only to cut myself both times. Some of these older boys were already hanging out with the Hihifo rugby team on Saturday afternoon training runs too.

'Io, ne 'i ai e ni'ihi ne ki'i taka faingata'a e feingá pea ko e 'emau a'u ki he Kalasi 5 kuo nau 'osi ta'u 13-14 kinautolu pea 'osi tele kava he ta'u e 2. Ka koau eni ta'u 11 mo e fie tangata lahí. Tele kava he ta'u e 2 pe au makosi tu'o 2. Ko e tamaiki lalahi angé ne nau fa'a fakamālohi sino kinautolu mo e timi 'akapulu 'a Hihifo.

We never had any class lessons on gardening and planting. It was just understood that everyone would learn this from their families, going out with their uncles and fathers or their grandfathers to the bush through the year to clear, plant and to harvest.

Na'e 'ikai ke 'i ai ha lēsoni fakangōue ia. Ko e ako ki tōkangá na'e tuku pe ia ki he 'ete alu ki 'uta mo hoto familí 'o kini mo faka'ata'atá. Pea keli mo tó e ma'alá mo e manioké mo e me'a kotoa pe. Pea ta'aki 'i hono taimí.

Sometimes we boys would sing as we worked there but generally we just talked about things like rugby. Everyday chatter. We don't talk much about movies as those are serious stuff which usually leads to everyone stopping to listen and the work is not done.

Taimi e ni'ihi mau fa'a hiva kae lahi ange pe talanoa 'akapulú mo e talanoa noa'ia pe. 'Ikai ke mau fa'a talanoa hele'uhila he 'oku meimei iku ma'u pe ia ki he tu'u kotoa pe 'o fanongo talanoa ka e 'ikai toe hoko atu ha me'a.

At the end of the afternoon we carry the fire wood back to the Principal's place but he's not there so we just put it in a pile near his kitchen house. He's still at school working. Ours is done. Usa thanks us and we take our tools and go home.

Efiafí 'osi 'e mau ngāué mau foki ki 'apiako mo e fefié mo e toumé 'o tuku pe he ve'e fale peito 'o e Pule Akó he 'oku kei 'i fale ako pe ia. 'Osi 'e mau ngāué pea fakamālo mai 'a Usa pea mau taki taha to'o 'ene me'a ngāue pea mau mātuku mautolu.

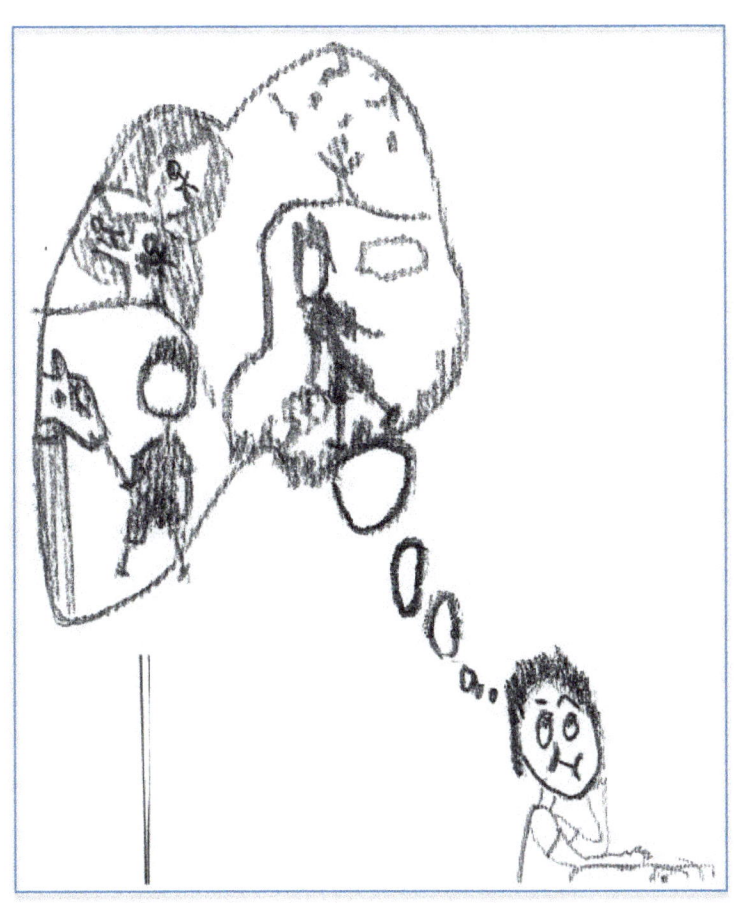

Part 2: Getting to School

Konga Hono Uá: Lue ki he Akó

I actually started Class 1 at FWPS Kolomotu'a when we lived at Nuku'alofa for maybe six months or so when my Dad was working at Vaiola Hospital after we left Mu'a. So, my first school was FWPS Kolomotu'a.

Na'aku kamata ako he Ako Teu 'a e Siasi Uesilianá 'i Kolomotu'á lolotonga 'a e ngāue 'eku tangata'eikí 'i he Falemahaki Vaiolá 'i Nuku'alofa 'osi 'ene hiki mai mei Mu'a he vahe Hahaké. Mahalo na'a mau 'i Nuku'alofa pe ha mahina pe 'e 6 peau 'alu ai ki he Ako Teu 'i Kolomotu'á.

It was housed in the old Saione Motu'a building on the site where the Church Offices buildings now stand. These were built after Saione Motu'a was blown down and beyond repair in 1982 during Hurricane Isaac I seem to recall. It had been relocated there much earlier to make way for the construction of Saione Fo'ou (Centenary Church).

Ko e fuʻu fale Saione Motuʻá naʻa mau ngāueʻakí pea naʻe tuʻu ia ʻi he tuʻuʻanga koia ʻoku lolotonga tuʻu ai ʻa e ʻOfisi Lahi ʻa e Siasí. Naʻe holoki ʻo taʻeʻaonga ʻa Siaone Motuʻa ʻehe afá ko ʻAisaké he 1982 pea toki langa leva he tuʻunga fale koia ʻa e ʻotu ʻOfisi foʻoú he ngaahi taʻu kimui maí. Naʻe fuofua langa ʻa e Saione Motuʻá ʻi he tuʻuanga ʻoku lolotonga tuʻu ai ʻa Saione Foʻou he taimi ni. Pea toho ki hono tuʻuʻanga naʻe holo ai he afá ka e ʻatá ke langa ai ʻa e Saione Foʻoú ʻa ia ʻoku ʻiloa ko e Falelotu Senitulí.

We were staying in a house on Railway Road. About a third of the way up from Laifone going towards Wellington road. And my two brothers and I used to walk from there to school, quite an easy walk actually. You walk out of the door, you turn right, walk to the first intersection, turn right on to Laifone Road and you walk along there till you come to Taufaʻahau Road and that's on the corner with the Catholic Church, St Anne's school, and opposite the Malaʻe Kula, the Royal Tombs. And you just continue walking on straight, don't turn anywhere till you come to the tee intersection with Vahaʻakolo road which is also the end of the Royal Tombs compound and there it is, Saione Motu'a. So it was quite easy, but I still felt strange and uneasy walking there even with my brothers.

Na'a mau nofo he Hala Lelué, vaha'a 'o e Hala Laifoné pe a mo e Hala Uelingatoní. Pea na'a mau fa'a lue pe mei ai ki he akó mo hoku ongo ta'oketé. Hopo pe ki hala, mata'u 'o 'alu ki he Hala Laifoné. Toe mata'u ai 'o 'alu aipe. Hangatonu pe ki he Hala Taufa'ahaú he tuliki mo e 'Apiako Katoliká pe a mo e kamata'anga 'o e Mala'e Kulá. 'Ikai toe afe, 'alu ai pe ki he Hala Vaha'akoló pea mo e tuliki 'osi 'o e Mala'e Kulá pea ko e 'Apiakó ena 'oku hangamaí 'i Saione Motu'a. Faingofua pe hono 'ilo e halá ka na'aku ki'i taka manavahé pe he kamatá.

So, I went to school there first then to Hihifo. We stayed at Kolovai in the dispensary residence. The dispensary, or the local hospital if you like, had a house for the doctor and that's where we stayed as my Dad was working there as the medical officer.

Ko ia na'aku kamata ako 'i Kolomotu'a pea mau toki hiki ki Hihifo. Mau nofo pe he fale nofo'anga 'o e Falemahakí koe'uhí ko e ngāue 'a e tangata'eikí. Ko e ki'i Falemahaki si'isi'i pe, mo e fale talavai, pea mo e fale nofo'angá 'a é na'a mau nofo aí.

And we just walked from there to the FWPS, about half a kilometre away at the far end of Kolovai village on the way to 'Ahau. It was good. The last time I was in Tonga a few years ago I noticed that the old school was still there. They would have done some maintenance over the years of course but the basic building was still intact as I remember it when I was there before I left for Tonga High School at the beginning of the 1960 school year.

Mau luelue pe mei homau fale nofo'angá ki he 'Apiako Teú 'i he mui kolo 'o Kolovai he hala ki 'Ahaú. Mahalo ko e mita pe 'e 500 ki ai. 'I he 'eku 'i Tonga fakamuimuí kou fakatokanga'i 'a e fale ako na'aku ako aí 'oku kei tu'u pe mo e lau. Mahino ne nau fai pe hano monomono he kuo motu'a ka ko e fo'i sino'i falé 'oku kei ha tolonga 'aupito pe. Hangé tofu pe ko e taimi na'aku ako ai 'i he 'apiako ni kimu'a pe au toki hoko atu ki he Ako Mā'olunga 'o Tongá he 1960.

The doctor's residence was a large wooden building on about 1000 square meters of land. It was located about halfway down the section to the right hand side, looking from the main road. The dispensary was a separate building altogether situated in front of the residence but right up about 1.5 meters from the front fence. There was a gate and steps there for visitors to enter and easily get on to the veranda for shelter and to wait their turn to see the Doctor.

Ko e 'api nofo'anga e Toketá ko e fu'u fale papa lahi tu'u he konga kelekele lahi. Na'e tu'u e falé ki he tafa'aki to'omata'ú 'i he sio atu mei halá. Na'e ki'i mavahe atu pe kimui mei he halá he na'e tu'u e fale Talavaí 'i mu'a ai ke ofi ki he 'aa ke faingofua e fe'alu'aki 'a e kakai 'oku omi ki he Toketá. Mahalo ko e mita pe 1.5 pea mo e matapá he 'aa mo e sitepu ki he fakafaletolo 'o e fale Talavaí. Omi pe kakai 'o tali he fakafaletoló ke sio ki he Toketá.

Adjacent to the veranda was the consulting room where my Dad would be sitting at his desk doing his work with people coming to consult about their sick children, partners or for themselves. There was another chair there for them.

Hoko mai pe ki he fakafaletoló ko e loki talatala mahakí pea ko ia naʻe ʻi ai e sea mo e tepile ʻo e Toketá. Pea mo e sea e taha ki he tokotaha talatala mahakí.

In Tonga at the time, you'd go to consult about your sick family who usually remain at home. They usually do not come with you. The doctor will determine whether to make a house call later in the afternoon. He will usually dispense appropriate medication there and then. There was no pharmacy per se. The doctor does everything himself.

Ko e talatala mahakí ʻi Tonga he taimi ko iá, ʻoku ʻalu pe ha taha ki he Toketá ʻo fakamatala ki ai kae nofo pe ʻa e tokotaha puké ia ʻi ʻapi. Foki mai pe ki ʻapi moha foʻiʻakau ke folo pe koha vai ke inu. Kapau ʻoku puke lahi pea ʻe toki ʻalu e Toketá ʻo vakai ha ʻosi e kakai he ʻalu. ʻIkai ke ʻi ai ha neesi ia pe a ngāue toko taha pe Toketá.

So I'd wait there on school mornings, on the veranda or by the front gate, waiting for my friends. Only a few had school bags back then. I'd be waiting there with my slate in hand and maybe a little bit of chalk to write with as well.

'I he pongpongí kou fa'a talitali pe he fakafaletoló ki hoku kaungá akó ke mau lue fakataha ki he akó. Toko si'i pe na'e 'i ai ha'anau kato naunau. Kou talitali pe mo 'eku makatohí mo e ki'i konga sioka keu tohi 'aki.

I think we got our slates from the school and I suspect our families had to pay for them. They were our only school equipment for at least Classes 1 and 2. And we used them for all our lessons. The good thing about slates of course is you never run out of writing space – just write all over it, then simply wipe it clean and get going again.

Ko 'eku manatu'i ko 'emau makatohí na'e 'omi 'ehe Akó ka mahalo na'a mau taki taha totongi pe 'ene makatohi. Ko e naunau ako pe eni 'a e Kalasi 1 mo e 2. Pea te ngāue 'aki pe eni ki he lēsoni hono kotoa. Ko e sai foki 'o e makatohí ko e 'ete tohi pe 'o fonu pe a ulapa'i ke ma'a pe a te kamata fo'ou.

But if you were one of the few kids like me that was left-handed, slates were a bit of a challenge because you could easily smudge or even wipe out your work as you write along. So for me, I solved my writing dilemma by simply turning my slate 90 degrees clockwise and writing downwards. I still write like this today.

Ka kapau na'ake hema hangé koaú, na'e 'i ai hono ki'i faingata'á he ko e lolotonga 'ete tohí 'oku te fa'a fakapalai atu 'e kita, pe ulapa'i atu kotoa e me'a kuo te 'osi tohí. Koia ke solova e palopalema, na'aku hanga 'eau 'o takai fakato'omata'u 'eku makatohí peau toki tohi leva mei 'olunga ki lalo. Kou kei tohi pehé he 'aho ni.

And like everyone else you read what you write as you write it. So I learnt to read any text at right angles, that is vertically, as well as the usual horizontal across the page fashion.

'Oku te lau pe foki e me'a 'oku te tohí, pea tupu mei heni 'a e lava pe keu lau pe ha tohi kuo takai'i tikili e 90 fakato'omata'ú. 'O lau mei 'olunga ki lalo pea hema ki mata'u. Toe lava pe 'o lau he founga maheni.

I think you can still get slates but of course they stopped being school equipment in Tonga a long time ago. If you've never seen one, they are made out of a rock they call slate rock. Same as the slate plates we use as roofing tiles. They cut the rock up to about an A4 size, put a frame around it and a wooden back so the slate does not crack easily and there you have it.

'Oku kei ma'u pe 'a e makatohi he ngaahi 'aho ni ka kuo fuoloa hono 'ikai toe ngāue 'aki ia 'i Tonga. Ko e makatohi 'oku ngāohi ia mei he kalasi maka tatau pe mo e maka fakanatula 'oku ngāue'aki ki he 'ato fale 'i muli. Fahi pe pea tutu'u ki he lalahi 'oku fiemaú hangé ko e A4. Pea faka'esia takai, mo ha lau'i papa manifi mei mui kene puke ke 'oua e mafahi ngofua.

Anyway, as we got older, we moved on to exercise books and pencils. We re-used those too. You do your work writing with a pencil, trying to remember not to press too hard. Then once all the pages are full, you borrow someone's eraser if you don't have one and rub out all the writing on all the pages and start again from the first page, just like you did on your slates. One exercise book would last a long time that way.

'Alu pe taimí pea kuo mau a'u hake eni ki he pepa mo e peni vahevahe. Fa'ahinga e ni'ihi nau tohi fakaalaala pe pea ko e fonu pe 'a e pepá pea ulapa'i kotoa kae toe kamata fo'ou hangé pe ko e makatohí. Te toki kole pe ha fo'i ulapa ha'a taha kete ngāue 'aki. Pea toki monomono holo ai pe ki hono toé kapau tenau fiema'u. Ko e feinga pe ha founga ke tolonga ai 'ete pepá.

By class five we were using nib pens mainly with ink from little ink bottles that you bring with you. And if you didn't have one you just ask your neighbour if you could share her ink which was generally the case. That gave us a new toy, to flick each other with ink when the teacher wasn't around or not looking too closely. Luckily not very often.

Ko e Kalasi 5 kuo mau a'u ki he peni nipi vaitohí. Taki taha ha'u pe mo 'ene ki'i fo'i hina vaitohi. Pea kapau kuo 'osi 'ete vaitohí pea te kole pe ki ha taha ofi mai ke mo toutou unu he 'ene hina vaitohí. Ko e foungá pe ia. Na'e i ai pe taimi nemau tau vaitohi ai, 'a ia ko e unu e pení he vaitohí pea tuu'i atu ki ha taha. Fa'a hoko eni he taimi 'oku ki'i puli ai e Faiakó pe hanga noa ki ha me'a. Ko e saí pe he na'e tātātaha pe 'ene hokó.

I liked to walk to school with some of my friends and they would have a regular time when they would pass by at the front of our house about 8.00 am say. And there would be other people I would know quite well too, so it wasn't just one or two friends.

Taimi sai ia 'eku fa'a tali ki hoku kaungá akó he pongipongí. Mahalo ki he 8 nai kuo nau ofi mai ki homau 'apí. Fa'a 'i ai pe mo e kakai ke he kou 'ilo'i, 'ikai ko e kau leka akó pe.

Kids walked to school from the three nearby villages, Fo'ui, Ha'avakatolo and Kolovai. Some came from as far away as Masilamea. We were right in the middle of Kolovai, so half of the kids from Kolovai and all from the other three villages would walk past our front door.

Katoa e tamaiki mei Masilamea, Fo'ui, Ha'avakatolo mo e konga 'o Kolovai na'a nau fou kotoa mai homau 'apí ke 'alu ki he akó.

So I'd look out from the house and wait to see my friends approaching along the road and hurry out and walk to school with them. Sometimes I'd wait at the dispensary veranda if there was no one there already.

Koia na'aku talitali pe mei homau falé kenau ofi mai peau toki lele atu ki hala kemau lue fakataha ki 'apiako. Taimi e ni'ihi kou fa'a tali he fakafaletolo 'o e fale Talavaí kapau 'oku 'ikai ke 'iai ha taha ai.

We'd arrive there at school with a bit of spare time – maybe 15-20 minutes before the bell goes and you can play some little games. Over the years we had several different bells. Sometimes there was a real one. A hand bell, wherever they got that from. But mostly it was a bit of old pipe, a metal offcut whatever they could find. It was hung up with a piece of wire or a bit of string. And we belt it with another piece of pipe. Did the trick anyway and ok for that time.

Taimi e ni'ihi mau a'u ki 'apiako ko e miniti e 10-15 kimu'a pea tá e fafangú pea mau ki'i va'inga taimi si'i holo pe. Taimi e taha na'e 'i ai e ki'i fafangu mohono kau. 'Ikai keu 'ilo'i pe ko e ha'u ia meifé. Taimi si'i pe kuo toe pulia pe a mau toe foki pe ki he konga paipa na'e tautau 'aki pe e konga uaea pea tá 'aki pe konga paipa e taha. Sai fe'unga pe mo e taimi koiá.

Part 3: Lessons

Konga Hono Tolú: Ngaahi Lēsoní

When the bell rang, we all lined up in our classes and it was whoever got there first who was at the front of the line. In class one the biggest boys and girls usually took the front spots and the rest follow. Every now and then there's a bit of a jostle but generally it's whoever gets there first. With the teachers present any type of bullying is not done there.

Ko 'ene tá pe fafangú mau tu'u laine fakakalasi pea mu'omu'a pe tokotaha 'e 'uluaki a'u ki aí. Meimei ko e tamaiki lalahí pe 'oku nau fa'a tu'u 'i mu'á pea mau toki hokohoko atu ai. 'Ohovale pe kuo hoko ha ki'i taufeteke ka na'e meimei ko ia pe 'e 'uluaki a'u ki ai 'e tu'u mu'omu'á. Takai holo pe foki e kau Faiakó pea si'i ai e fakaaoao 'a e tamaiki lalahí.

The noise is what I remember most. There were no internal walls inside the school building or anything between each class. At one point we had some curtains made of tapa cloth, but they didn't last very long. So there were five classes of kids and five teachers, all teaching and working at the same time and no partitions of any kind between the classes.

Kou manatu'i lelei e longoa'á. 'Ikai ke 'i ai ha holisi ke vahevahe 'aki e kalasi me ihe kalasi. 'I ai e taimi e taha na'e 'i ai e 'u puipui ngatu ke vahevahe 'aki e 'u kalasí, ka na'e 'ikai ke fuoloa kuo mahaehae ia pea tālu ai pe.

We didn't have books, there was usually just one book that the teacher had and read out and everybody listened. And he or she would write up some things and you copy that from the blackboard.

Na'e 'ikai ke 'i ai ha tohi ia ke mau ngāue 'aki. Ko e Faiakó pe na'e 'iai 'ene tohi pea ne hiki pe me'a kemau laú he palakipoé pea mau lau pe mei ai. Pea te hiki pe mei he palakipoé ki he 'ete pepá e me'a kete akó.

All classes were in Tongan except the English lessons of course, though the instruction was still in Tongan. We had Tongan, English, Arithmetic, Art and Crafts and Sports as I recall it. History and Geography in the upper classes.

Ko e lēsoní kotoa na'e fai fakaTonga pe. Kau ai pe mo e lēsoni fakaPilitaniá tukukehe pe foki e ngaahi fo'i lea fakaPilitaniá. Ko 'eku manatu'i na'a mau ako Tonga, 'Ingilisi, Fika, Ngāue Fakamea'a mo e Sipoti. Toki tanaki mai mo e Siokālafi mo e Hisitōlia he kalasi ki 'olungá.

There was a morning break but nothing to eat and we just played for 10-15 minutes then back in again. At lunch time about half the class went home and had something there. Those who remained at school shared the fruits that some might have brought with them. Or just go without. When the bell rang, you get dismissed and you would run outside with your friends and play until it rings again and you're back inside.

Na'e 'i ai e mālōló pongipongi ka na'e 'ikai ke 'i ai foki ha me'a ia ke ma'u/kai pea mau va'inga pe mo lele takai holo ha miniti e 10-15 pea mau toe foki ki loki ako. 'I he taimi kai ho'ataá na'e 'alu e ni'ihi ki honau ngaahi 'apí, pea ko kinautolu ne fu'u mama'o honau 'apí na'a nau nofo pe nautolu 'i 'apiako pea nau vahevahe pe ha ki'i me'a na'e ha'u mo ha taha. Toutou u'u ha fo'i mango pe ko ha me'a pe. Ko e tá pe fafangú pea talamai 'e he Faiakó ke mau ó, mau lele pe ki tu'a 'o va'inga pea ko e toe tá pe, pea mau foki ki loki ako.

The reality was that a lot of kids just did not bring any lunch with them and their homes were too far away to go back for lunch then back again. So they just had to go without. There was no bring your own drink bottle and no drinking taps at the school either. There was an old cement tank to the back of Class 1 but it was hardly ever used by us kids.

Ko hono mo'oní, ko e toko lahi na'e 'ikai pe ke 'i ai ha'anau me'a tokoni 'anautolu na'a nau omi moia. Fu'u mama'o e foki ki 'apí pea nau hala ai pe he 'aho koia. Na'e iai e sima vai 'i mui ofi kihe feitu'u 'o e Kalasi 1, ka na'e tātātaha pe 'emau inu 'amautolu mei ai.

I was not too much interested in school. In Class 1 & 2 it was more like a gathering of friends and we'd just sort of pass the time away and get up to mischief when the teacher was busy or was looking at the blackboard. Things like poking things at each other. It was more like a playroom rather than a classroom, but you've got to be careful still or otherwise you'll be in trouble.

Na'e 'ikai keu fu'u sai'ia au he akó. Ko e Kalasi 1 mo 2 na'e hange pe ia ha 'to'otamá' pea tupu ai pe mo 'emau taka pau'u mo va'inga noa'ia he taimi 'oku mo'ua ai e Faiako pe 'oku hanga ia ki he palakipoé. Te tokanga pe he ka ma'u tonu 'oku te pau'u pea 'e tautea kita.

I thought they were pretty mean though, about me writing with my left hand. Looking back I wonder if it was partly a religious thing – left handed people were off springs of the devil. I was just told, no, do not write with your left hand, the proper way to write is with your right hand.

'Oku ou hema, pea na'e ikai keu teitei sai'ia he 'enau feinga keu tohi nima mata'ú. 'Oku 'i ai e talanoa 'oku pehé ko e kau nima hemá 'oku i ai honau tupu'i tēvolo. Mahalo ko e me'a fakalotu. Nau talamai pe ke 'oua teu tohi nima hema, ko e tohí 'oku fai 'aki e nima mataú.

I can't remember anybody else who was left handed, or maybe they hid it very nicely so that it wasn't known but I think they were all right handed. And sometimes I was made to sit there and practise writing with my right hand. So I came up with my own solution. I would write with my right hand when the teacher was looking, then I would just swap over to my left hand.

'Ikai keu manatu'i pe na'e toe hema ha taha pe koau pe. Mahalo na'a nau mata'u kotoa pe. Nau fa'a fekau keu nofo 'o ako tohi nima mata'u. Peau tohi nima mata'u pe he taimi 'oku sio mai e Faiakó pea ko 'ene sio kehe pe peau tohi nima hema pe au.

Otherwise I would fall behind. If you fall behind too much everybody thinks you're dumb. So I write with my left hand when the teacher's out or not watching. But when caught out I get punished – like "I must write with my right hand" and write it 50 times. And sometimes a teacher would smack your hand. By Class 5, I just wrote left-handed.

Ka 'ikai teu fu'u tó ki mui. Pea kapau teu fu'u tó lalo 'aupito te nau pe hé 'oku ou ngali kehe. Ko ia na'aku tohi nima hema pe au ha taimi pe 'oku hanga kehe ai pe mama'o e Faiakó. Ka ko e ma'u pe au pea tautea. Pea fekau keu tohi nima mata'u ha kupu'i lea "Teu tohi nima mata'u ma'upe" tu'o 50. Taimi e ni'ihi fa'a tā'i hoto nimá 'ehe Faiakó. Ko e a'u ki he Kalasi 5, na'aku tohi nima hema pe au.

The teachers were usually young men and women. All Tongans. There was one teacher, a relative of mine, who was a 'Leití'. Everyone knew. We didn't pick on him but you know how you get a nickname and then everyone calls you that – so his was Leiti and we kids called him that too. Not to his face of course and not in a nasty way.

Meimei ko e vaeua 'o e kau Faiakó ko e kau finemui mo e kau talavou, kau Tonga katoa. Na'e 'i ai e Faiako e taha ko e 'fakaleití', ko hoku famili pe pea na'e 'ilo kotoa pe ia 'e mautolu. Na'a mau ui pe ia koe 'Leití' 'i he 'emau talanoá, ka na'e 'ikai ke fu'u hoha'a ki ai ha taha ia.

Nicknames are funny things in Tonga. Village nicknames often come from what you look like – if you've red hair like from being in the sea a lot or have lost an arm, or even if you don't speak much. So everyone knows your nickname, but no-one calls you that to your face. Only with other people when they refer to you.

Ko e hingoa fakatenetené 'i he ngaahi koló 'i Tonga 'oku meimei fekau'aki kotoa mo hoto fōtungá pe 'ulungāangaá. Pe 'oku te 'ulu kelo mei he lahi 'ete kaukau tahí, pe 'oku te nima mutu, pe 'oku 'ikai kete fa'a lea. 'Ikai kete ui hangatonu atu 'aki kia nautolu ka 'i he talanoa noa'iá pe. Tau 'ilo kotoa pe pe kohai 'oku te 'uhinga ki aí.

But you know what they call you. It's meant to be a kind of a term of endearment or a light joke. But it can get out of hand and you don't think it's funny anymore, you just feel like they're picking on you.

'Oku te 'ilo pe 'e kita pea 'oku pehé pe ko e fakakata. Ka 'oku te 'ai fakafuofua pe ke 'oua e loto mamahi e toko taha koiá. Pe 'e 'ita 'aupito ia pea tupu ai ha vá tāmaki pe ko ha ké.

We called the teachers by their first names to attract their attention, otherwise you just put your hand up if they're facing you. And if that's not successful, you make a noise – woo, woo, woo – over here over here. But usually you don't need to because they're looking at you.

Mau ui pe kau Faiakó 'aki honau 'uluaki hingoá, pe ko 'ete hiki pe hoto nimá ki 'olunga kapau 'oku sio mai. Pea ka 'ikai pe a te ki'i ngūngú pe mo talitali.

The only Europeans that we saw were the tourists who came from the cruise ships every so often to look at the flying foxes. Other visitors would come from time to time, they would be well dressed and came to talk to the Principal. I think they might have been school inspectors from the church education office in town.

Ko e kau papālangi pe na'a nau fa'a omi ki homau feitu'ú ko e kau pāsese mei he ngaahi vaka meilí ko e omi ke sio he tau'anga Peká. Ko e kau 'a'ahi hono toé ko e kau omi pe ke talanoa mo e Pule Akó. Nau teunga lelei pea mahalo ko e kau 'a'ahi mei he ofisi ako 'a e Siasi 'i Nuku'alofa.

There was one safety lesson we were told over and over again. Walk in a line two by two when you are walking on the main road. If you walk as a crowd, you can block up the street. Don't forget it's a public road and when you see lorries or the trucks coming from the front, or you can hear them from the back, you have to move out of the road to the grass and wait there till the truck passes. Or you walk in a single line one after the other as close to the grass as possible.

Ko e fo'i fakatokanga mahu'inga taha na'e na'ina'i mai kiamautolú, kemau 'alu ki he ve'e halá ofi ki he musié pea tautau toko ua pe. 'Alu laine pe taha, 'oua 'e alu fakamatapapa. Ko e hala pule'anga eni 'oku ngāue 'aki 'ehe kakai kotoa pe. Ka ha'u ha me'a lele mei mu'a pe mei mui, pea kemou 'alu ki he musié 'o tu'u ai 'o tali ke 'alu e me'a lelé pea mou toki 'alu ki he halá. Ka 'ikai pea kemou 'alu tautau toko taha pe, pea ofi 'aupito ki he musié.

There weren't many vehicles going back and forth from Hihifo to Nuku'alofa then. Just a few trucks. About four and all were remodelled for use as passenger transport. At the back they would have a canopy overhead, two rows of form seats, one on each side from the driver to the end. And an open space in the middle for multipurpose use. That is, standing passengers, livestock like chickens or pigs, baskets of taros, yams, breadfruits, bicycles and whatever you can fit in.

Na'e 'ikai ke loko lahi e me'a lelé he taimi ko iá. Mahalo ko ha loli pe e 4 nai. 'Osi fakafale 'a mui pea mo e ongo fu'u sea fōmu lōloa he ongo tafa'akí. Lele pe mei mu'a ki mui ke nofo ai e kau pāsesé. Pea ko e vaha'á leva ki he ngaahi uta 'a e kakaí. Taimi e ni'ihi kuo fonu e lolí pea tu'u e fa'ahinga 'i loto fakataha mo e tokonaki 'a e kakaí. Ko e kato talo, kumala, 'ufi, mei, puaka, moa mo e pasikala. Me'a kotoa pe 'e hao ki loli.

There was one truck, a public works truck, that we used to look out for. We called it the ten wheeler – because it actually did have ten wheels – two for steering at the front and eight at the rear. It was a huge thing – all of us kids would be watching out for this yellow-brown monster and follow it, running along behind. The equivalent today would be the ginormous trucks with tyres like tractors that drive around the open cut mines in Australia.

Na'e 'i ai e fu'u loli ngaahi hala 'a e Pule'angá na'e ui pe ko e 'Ve'e 10' koe'uhi he na'e hongofulu hono va'é. Ua 'i mu'a ke faka'uli 'aki pea valu 'i mui. Fu'u loli lahi faka'ulia, lanu melomelo. Mau tali pe ke ha'u e fu'u loli koeni pea mau lele pe i mui o muimui holo ai. Hangé pe ko e ngaahi fu'u loli uta kelekele he ngaahi keli'anga malala 'i 'Aositeleliá.

At road works time there were other interesting looking vehicles too. A plough/grader, a heavy roller, even a frontend loader. But the ten wheeler was the favourite. And the plough at second. And my friends and I all wanted to drive them, especially those two.

'I ai pe mo e ngaahi misini ngāue kehe he taimi ngaahi halá hangé ko e palau, lola, me'a lele sāvolo. Sai taha pe fu'u Ve'e 10. Toki ua atu e palaú. Mau faka'amu loto pe kotoa ke mau lava mai 'o faka'uli he ngaahi fu'u misini ngaahi halá, kae tautefito ki he ongo fu'u misini ko ení.

Part 4: Working Together

Konga Hono Fá: Ngāue Fakataha

There is always some kind of check before school starts. We would all line up in our classes, one line for the boys and one line for the girls. And then the inspection begins. We would come in there, everybody barefooted, and they look at your feet, to see if they are relatively clean especially if it has been raining because there would be a lot mud around. You try and scrape the mud off by rubbing the sole of your feet on the wet grass. Ok yes, relatively clean. Your uniform is clean and especially your hands and fingernails. Same as your hair, for the girls to be neat and plaited and short and clean for the boys.

Na'e 'i ai ma'u pe 'a e fanga ki'i 'a'ahi pea toki kamata e akó. Mau tu'u fakakalasi he laine 'e ua, fefine mo tangata. Kamata e 'a'ahí. Mau ta'e su kotoa pe foki pea nau sio pe ki hoto va'é pe 'oku ma'a fe'unga pe 'ikai. Tautefito kapau na'e 'uho'uha he'e lahi ange ai foki e pelepelá. Mau 'osi olo pe foki homau va'é he musié kimu'a. Ma'a fe'unga pe. Sio pe 'a e Faiakó pe 'oku sai pe hoto teungá pea ke ma'a foki mo hoto nimá kae tautefito ki hoto nge'esi nimá, ke nonou mo ma'a. Moe 'ulú. Helu pea fí e tamaiki fefiné pea ke ma'a mo nonou e tamaiki tangatá.

And if we knew we were going to have a proper assembly and there'd be inspections, some of the kids would come with a few lemons and on the way to school they'd break it in half and then again to smaller pieces and hand it around to their friends. You just wriggle your fingernails inside the lemon and the juice would clean them. You shake the excess juice off and wipe off your hands with the tail of your shirt then tuck it back in again so the teacher can't see it.

Ko 'ene mahalo'i pe 'e ha taha 'e fai ha 'a'ahi lahi pea fa'a omi e kau leka e ni'ihi mo ha fo'i lemani e ua pe tolu. Pea toki fahifahi pe ke kongokonga iiki kemau taki taha. Pea te ueue'i holo pe hoto nge'esi nima he konga lemaní pea ma'a ai pe hoto nge'esi nimá. Te tupe'i pe huhu'a'i lemaní mei hoto nimá pea te fusi'i hake hoto tapa'i soté 'o holoholo 'aki pea te toe mono pe ki loto ke 'oua e ilo'i 'ehe Faiakó.

The inspections really were not to look you up and down sort of thing. You just walk past and hold your hands up in front of you and - oh yeah, yours are not very clean. We usually avoid that by using the lemons. All good. They don't check your teeth or anything like that but they have a quick look at your eyes whether you still have sleep in your faces and they remind you to make sure you wash your face.

Na'e 'ikai ko ha fu'u me'a lahi e 'a'ahí ia kenau siofi kita. Te 'alu pe kita pea hiki hake hoto nimá 'o fakahá atu pea pehe mai ha taha – 'ikai ke fu'u ma'a ho nimá. Sai pe. 'Ikai ke fai ha sivi nifo pe koha me'a pehé. Ki'i hila mai pe ki hoto matá pe na'a te tafitafi pe 'ikai pea mo fakamanatu mai ke te tafitafi he pongipongí.

In our family we'd get up early in the mornings not only because we had school but because Dad had to get up and get ready for work and he was very meticulous in his ways and Mele, Mum, was always very fastidious in keeping us clean and tidy.

Mau 'a pongipongia kotoa pe koe'uhí ke mau teuteu ki he akó pea ko e tahá ke teuteu mo 'emau tangata'eikí ki he 'ene ngāué. Na tatau loua pe moe fine'eikí he fiema'u ke mau teuteu lelei mo ma'a.

Some boys would come to school but have not washed their faces. You just get a verbal reminder but not punished. A little embarrassing but no one took too much notice of it.

Tamaiki tangata e ni'ihi nau omi pe ki he akó te'eki ai kenau tafitafi. Fakamanatu mai pe, ka na'e 'ikai ha tautea ia ki ai pea 'osi ai pe ia.

There were some bullies and they would try to exclude you from some of their games. If you have a game of marbles, some bigger kids would say no, no you can't join this one. Sometimes if you've got a friend or a relative that is in the gang, they would support you, and say no let him join in. And to avoid all of this you just sort of hang out with the kids who are not so mean.

Na'e 'i ai pe 'a e kau houtamaki mo e kau fakakina na'a nau fa'a ta'ofi ke 'oua tete kau ha'anau va'inga hangé ko ha'anau mapu. Pehé mai ha taha, 'o 'o he'ikai teke kau koe. 'I ai pe mo e taimi 'oku 'i ai hato maheni pe ko e famili 'oku 'i ai pea ne talaange 'oku sai pe kete kau. Te 'ilo'i pe fa'ahinga ko ení pea te fakamama'o meia nautolu. 'Alu kita 'o kumi ha kau leka kehe ke te va'inga mo nautolu.

Real punishments would be either you stay in detention to do some things, homework or write out something on the blackboard or on your slate or a piece of paper in your exercise book. The extreme one was when they would get the ruler, the one foot wooden ruler, and you hold up your hand, your fingers in a clump and the teacher will belt you on your finger nails with the flat part of the ruler. You don't lose your fingernails though it must still be painful. I can't remember if I ever got that.

Ko e tautea mo'oní, ko hano fekau ke te nofo 'i loki ako 'o tohi ha fa'ahinga me'a he palakipoé, pe ko 'ete makatohi pe ko e pepá. Taimi e ni'ihi ko e taā'i 'aki hoto nge'esi nimá e lafalafa 'oe lula 'akau fute 'e tahá. Te puke fakataha hake hoto 'ulu'ulu tuhú 'o hanga ki 'olunga hoto nge'esi nimá pea 'ano hapo 'ehe Faiako 'aki e lulá hoto nge'esi nimá. 'Ikai ke ngangana ai hoto nge'esi nimá ka kou tui na'e kei fu'u mamahi 'aupito pe. 'Ikai keu manatu'i pe na'e taā'i pehe'i au tu'o taha pe 'ikai.

I don't know of anyone who was expelled for bad behaviour. The Senior Assistant would go to some kid's homes to see where they are because they haven't been coming to school, just to remind them to come to school as required by law. I never skipped school myself because in the village people would notice you out swimming at the beach or wandering around in the bush during school, and of course they'd talk and someone would tell your parents. Not good.

'Ikai keu manatu'i pe na'e tuli ha taha ko ha maumau lao pe 'ikai. Fa'a 'alu pe 'a e Tokoni Pulé ki he ngaahi 'api e ni'ihi ke vakai pe ko e há e me'a 'oku 'ikai kenau toe ha'u ai ki he akó, mo fakamatu ange ki he matu'á ke 'omi e fānaú ki he akó fakatatau ki he laó. Te'eki keu hola tu'o taha he akó. Kapau e sio ha taha kia au 'oku ou takai noa'ia holo he taimi akó tenau tala 'enautolu kia Mangisi pea kou 'osi 'ilo 'eau e me'a e hokó.

At the end of the year before the holidays there would be a graduation. The teachers would sit up there on the little stage where the class five usually sits. And everybody else all sitting down below, us kids on the floor. The parents will sit on some forms, in rows, with the aisle in the middle, and we'd have the graduation assembly.

Faka'osi'osi e ta'ú pea ko e taimi tānaki tu'ungá eni. Nofo e kau Faiakó he ki'i funga siteisi nofo'anga e Kalasi 5. Pea nofo kotoa hono toé 'i lalo he 'u fala he falikí pea nofo e matu'á he 'u sea fōmu loloa 'i mui atu. 'I ai pe hala 'alu'anga 'i lotomālie ki he fe'alu'akí.

Parents would feel good if their children got a certificate at graduation. Sometimes, you might get a prize of a hymn book but usually you just got a certificate. It was just basic. Times were hard and not much money around – Just the bare essentials.

Ko e taimi fiefia eni ki ha ngaahi mātu'á kapau e ma'u pale ha taha 'enau fānaú. Ko e ngaahi palé meimei ko e sitifiketi pe. Taimi e ni'ihi ko ha Himi. Taimi faingata'a pea nounou e me'a kotoa.

They would be very proud if they attend the graduation and they called out your name: - "and the Class 3 captain is Sione Tapani Mangisi" –(I'm just saying)– and then you would get up, walk up the front and shake hands with the Principal or the VIP and receive your bit of paper.

Fiefia e mātu'á kapau na'a nau 'i ai pea nau fanongo ki he ui mai ho hingoá:- "ko e kapiteni 'i he Kalasi 3 ko Sione Tapani Mangisi" (ko e anga pe 'etau pehé) pea te tu'u hake 'o tepi atu kimu'a 'o lulululu moe Pule Akó pe ko ha taha Mā'olunga 'o ma'u mai hoto palé.

Alas … I was never captain of my class, unlike my two older brothers, Tualau and Matu'u. I didn't work hard enough and anyway I was quite content to be hidden away in the middle with my friends.

Ko e pangó, na'e 'ikai teu kapiteni tu'o taha he 'emau kalasí hangé ko hoku ongo ta'okete kimu'a 'ia aú, ko Tualau mo Matu'u. Na'e 'ikai pe keu feinga mālohi hangé ko kinauá. Na'aku fiemālie pe au keu nofo pe 'I lotomālie 'o pulia aipe mo hoku ngaahi kaungāme'á.

On your way back you go and give your prize to your elderly aunt, your father's sister. And if she's not there then to your mum. And everybody would be pleased with that. You don't just fold it up and put it in your pocket.

People clap.

Ko ho'o foki mai mo ho palé pea ke 'alu o 'ave ia ki ho mehikitangá, tuofefine ho'o tangata'eikí, pea kapau 'oku 'ikai ke 'i ai pea ke 'ave ki ho'o fine'eikí. 'Ikai ke fakamālohi'i ka ko e foungá pe ia pea sai'ia ai e kakaí. 'Ikai kete pelupelu pe pea fa'o hoto kató.

Pasi e kakaí.

Part 5: Friends Again

Konga Hono Nimá: Mau Toe Vā Lelei

When I was in my last year at FWPS in 1959, the Principal made a kind of boarding school for three of us Class 5 boys. It wasn't a proper and permanent boarding school as such, it was just a temporary one maybe just for that year. I think this happened most years, although sometimes the school would run homework classes at night for kids sitting exams.

'I hoku ta'u fakaosí he 1959, na'e hanga ai 'ehe Pule Akó 'o 'ai e toko 3 tangata mei he Kalasi 5 kemau ako nofo ma'u. 'Ikai ke hangé ko e ngaahi ako lalahí ka ko e ki'i kalasi pe mahalo ki he ta'u pe ko iá. Kou tui na'e fakalele pe he meimei ta'u kotoa. Toe fakalele mo e pōako ma'ae fa'ahinga 'oku teu siví.

The other two guys were much older than me and we were all there to get help in getting to high school. I was better at school work than the other two but on the Tongan side of living, working their gardens and that they knew the ropes much better than I did. But as I was much younger and smaller I often ended up with the rough end of the stick.

Ko e ongo tama ko é na'ana lalahi ange 'ia au pea mahalo ko e feinga pe ke mau lava ki he kolisí. Na'aku ki'i sai si'i ange au 'i loki akó ka koe ongo tama ko é na'ana fu'u lelei ange mo maheni he ngaahi to'onga mo'ui fakaTongá. Ka koe'uhí ko 'eku fu'u si'isi'i angé, na'e ki'i taka lahi 'ena fa'a fakamatalili'i ta'e'uhinga ai aú.

One night we were all there, just the three of us. And I got totally fed up with my two pals. I knew them very well and we generally got on together alright most of the time. It's not that they were horrible or unkind. They didn't bash me up or anything, but they just kept on and on teasing and picking at me.

Pó e taha ko mautolu toko tolu pe. Kuo hake 'eku kataki he fakamatalili 'a e ongo tamá. Mau maheni lelei pea mau va'inga fakataha he taimi lahi. Na'e 'ikai kena fehi'a pe tena tá au. Ka kou fiu pe he fu'u lahi fau 'ena fakamatalilí.

I can't fight them because they're much bigger and considerably stronger. They were about 13-14 and I was only 11. And there were two of them.

He 'ikai keu lave 'o taa'i ha taha he 'oku na fu'u lalahi loua 'ia au mo toe fefeka ange. Mahalo pe kuo na 'osi ta'u 13-14 kinaua ka kou kei 11 pe au, pea na toe toko ua foki.

They used to tease me, calling me "tiny" which cheesed me off no end. As it turned out, they both grew into tall, strong men and one of them went on to become a superstar rugby player. He was well known in Tonga, the Pacific and the world over.

Kou fiu he 'ena fakamatalili, na ui au ko "leka" neongo 'ena 'osi 'ilo'i ko e hingoa eni kou fehi'a taha ai. Ká neongo kotoa eni na tupu hake ko e ongo tangata lelei mo 'aonga ki he koló. Koe taha na'ane a'u 'o tu'u he tumutumu 'o va'inga 'akapulú pea 'iloa 'i Tonga ni mo e Pasifikí pea mo mamani kotoa foki.

So there I was, totally cheesed off. It's the middle of the night but I couldn't stand it anymore. I decided that's it, enough, I'll go home. It was maybe 11 or 12 midnight. No streetlights, total darkness. In those days village people used kerosene lamps at night and turned them off when they went to sleep. There might have been a light on at the church for choir practice but otherwise total darkness. Only stars and a weak little bit of moonlight maybe. Or it's pitch black.

'Io kuo 'osi e kātaki. Kou lililili neongo e po'uli lōlōó. Fe'unga, taimi keu 'alu au ki 'api. Mahalo pe ko e 11-12 tuu'apó eni. Taimi foki eni e maama kalasiní pea 'ikai ha maama ia he halá. Fakapo'uli kotoa, ko e taimi mohé pe pea puhi'i e māma mo e mole kalasiní pea tau mohe. 'I ai pe ha ki'i maama kapau 'oku fai ha ako hiva he falelotú. Pe koe fetu'ú pe mo e mahiná mahalo, pea ka 'ikai, koe po'uli pe kotoa.

I snuck out of the little Tongan house quietly pushing aside the roll-down thatched door curtain and stepped out into the darkness, determined to get back home to Ha'avakatolo. I knew there'd be consequences in the morning but let's solve that tomorrow.

Kou fakaoloolo atu ki he ki'i matapa polopola homau ki'i fale Tonga na'a mau nofo aí, 'o hú atu ki he fakapo'ulí, 'osi fakapapau'i teu 'i Ha'avakatolo pe he pooní. Ko e palopalema 'o 'apongipongí toki solova pe 'apongipongi.

So I walked out onto the road, easy enough. You know where you are going because you kind of feel with your feet, and you stay on the hard compact surface of the road.

Kou tó atu eni ki he halá. Faingofua pe he 'oku te fāfá 'aki pe hoto va'é mo te tauhi pe ki he hala simá pea 'e sai ai pe 'ete 'alú.

You know the FWPS at Kolovai, there's only one road so if you stay within that you're ok, you're bound to end up at Ha'avakatolo. But before you get there you have to go past the Pouvalu cemetery where all the big fearful ghosts and others of Kolovai are buried. I was already very scared of walking past there even during the day. But in the dead of night when the ghosts are most active, OMG it was unthinkable.

'Oku taha pe foki e halá pea kapau tete tauhi pe ki ai kuopau pe ke te a'u ki Ha'avakatolo. Ka kuopau ke te 'uluaki fou atu he fa'itoka 'o Kolovaí ko Pouvalu, pea ko e nofo'anga eni e fanga tēvolo pau'u taha 'o e koló mo ha toe fanga tēvolo 'eva mai pe. Na'aku 'osi ilifia pe au he kolosi toko taha holo he fa'itoká he taimi 'ahó. Ka ko e tuu'apó eni, ko e taimi eni 'oku 'a'a lelei taha e fanga tēvoló. 'OIAUE teu fēfé 'alá.

And then there was the mother of all ghosts Fehuluni – gee stories about her must have been told to us hundreds of times. She was a wandering ghost and she didn't really belong any place in particular, meaning that she could be anywhere. And she might even be here tonight.

Pea na'e 'i ai 'a e fa'é 'a e fanga tēvoló kotoa na'e ui ko Fehuluni. Mani eee … mahalo kuo tu'o 100 'ete fanongo hono talanoa'í. Koe fu'u tēvolo eni ia na'e 'ikai hano fa'itoka kae 'alu noa holo pe, pea mahalo 'oku 'i heni mo ia he pooni.

So there I was stepping out carefully and quietly along the road back to Ha'avakatolo and replaying all these ghost stories in my head. I was shaking in fear that I will be eaten. I will be roasted and eaten by Fehuluni or some other ghosts, all of them I bet.

Kou 'alu māmālie pe mo fakalongolongo he hala ki Ha'avakatoló ka e lele oma 'a e ngaahi talanoa tēvoló hoku 'atamaí. Kou tetetete mo mate he ilifiá. 'E tunu au pea kai 'e Fehuluni mo e fanga tēvoló. 'Io tenau kau katoa.

I imagined them. Ghosts with long arms pushing open their coffins and rising up out of their graves, reaching out, grabbing me and whisking me back down into the ground. Swisssh, gone.

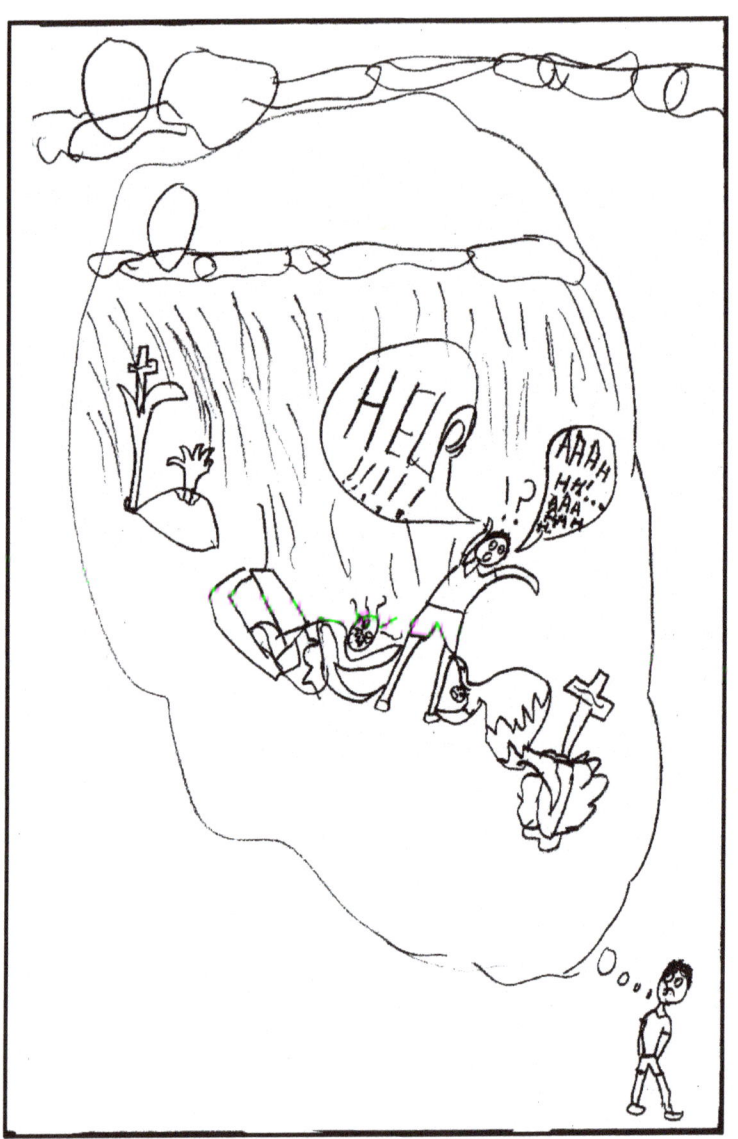

Kou fakakaukau loto pe, fanga tēvolo nima loloa nau teke hake tapuni honau puhá pea nau puna mai ki tu'a 'o 'ohofi au ... siuuuhuuu ... tuai e kemo kuo nau toe puli fakatēvolo pe nautolu.

Like the little hermit crabs – pesiloas – you see them at the mudflats. If you look when the tide is out and the mudflat is dry, you see all the bright colours of the hermit crabs and other crabs out looking for a feed. And when they hear you coming thud thud thud, they all disappear swhissh into their holes and the whole mudflat just looks empty and dead again. I thought to myself the ghosts will be just like these little crabs – ghosts all out there sitting on top of their little holes, ready to grab me – oh yeah, good feast day today.

Hangé pe ko e fanga ki'i paka pesiloá he tahi toafá. Ko e matuku atu 'a e tahí pea mātu'u e kelepulú pea nau 'asi hake me i honau fanga ki'i luó 'o kumi kai, pea ko 'enau fanongo pe ki ha pātatú atu ha 'alu, kuo nau 'osi kotoa he puli ki luo, pea toe hangé pe 'oku 'ikai ha me'a mo'ui he funga kelepulú. Kou sio loto atu pe ki he fanga tēvoló nau hangé pe ko e fanga ki'i paká. Nau talitali pe honau ngaahi ve'e fa'itoká keu ofi atu pea nau toki 'ohofi au ...fakauuluuuu ... tau ngāli kai lelei he pooni ni.

And of course we learn about the Bible and the devil at Sunday school, and sometimes people would say that naughty kids like me had the devil in us. So it was only natural that the ghosts would come after me.

Tau ako foki he Lautohi Fakasapaté ki he Tohi Tapú moe tēvoló, pea talamai kapau 'oku te pau'ú 'oku te to'onga fakatēvolo. Pea ngāli 'e 'uhinga malie pe hano 'ohofi au 'ehe fanga tēvoló.

There I was, walking as quietly as I can along the road away from the school. Remembering all these ghost stories everybody has been telling us kids and knowing in my heart that yes they are real, they are out there and they will grab you when you're alone. But for that moment my dislike for my two classmates was more than my fear of the ghosts.

Kou 'ete'ete fakalongolongo pe he halá mo fakakaukau ki ngaahi talanoa tēvolo kou 'osi fanongo aí pea ko e mo'oni e me'a kotoa. Tenau 'ohofi ko e ha taimi pe 'oku ke toko taha ai. Ka 'i he momeniti ko eni na'e lahi ange 'eku lotomamahi 'i hoku ongo kaungá akó 'i he 'eku ilifia tēvoló.

On I went. And I think half the time I closed my eyes so I wouldn't see the ghosts. I walked past Paula Ma'afu's place, then Sió and Lisi's place, Mounga's place and then the Faifekau's place. Last was Sina's place and then the graveyard starts for up to 50 meters, and I have to pass that on my right hand side. I can just see the sand over there with a little bit of reflection from whatever might be there, and that's where they all are – the ghosts. How I wanted to be somewhere else. Any place but here. In the dark.

Kou 'alu atu pe, pea mahalo na'aku kuikui he taimi lahi ke 'oua teu sio ki ha tēvolo. Tuku mai e 'api o Paula Ma'afú, hoko mai e 'api o Sió mo Lisí, 'api o Mo'ungá pea hoko mai e 'api e Faifekaú. Faka'osi ki he 'api o Siná pea hoko mai leva e fa'itoká.

Mahalo ko ha mita nai e 50 'i he tafa'aki to'omata'ú. Ki'i ata mai pe 'one'one 'o e ngaahi fo'i fungá pea ko e nofo'anga eni e fanga tēvoló. 'Oiaue, 'eku faka'amu na'e 'ikai teu tu'u heni, 'i he fu'u po'uli lōlōó.

Suddenly I hear thump, thump, thump on the ground. From behind me. Oh gosh so they are really real these ghosts. I freeze. I don't know what to do, scream, run away, hide somehow. For just a moment I close my eyes and wait for the worst.

Kou 'ohovale, fanongo ki he lele. Mei mui. 'Oi ...le ko e mo'oni pe me'a kotoa. Kou ilifia mate ... teu kaila, pe teu lele, pe teu toi nai. Kou kuikui nini pe mo tali ki he 'aho fakamuí.

I desperately wanted to run but if I did I'd be running towards the graveyard. Where there'd be more ghosts. But if they're chasing me from the back the only thing I can do is to run as fast as I can towards Ha'avakatolo. If I survive the ghosts in the graveyard, I'll be ok because after that I'll be straight home, no more graves to pass.

Kou fie lele, ka ko e lele ki mu'á ko e lele ia ki he fa'itoká, ki he fanga tēvoló. Ka ko eni 'oku nau tuli au mei mui pea 'oku taha pe hoku halá, teu lele hanga tonu pe á ki Ha'avakatolo neongo kuopau keu fou atu he fa'itoká, pea kapau teu hao atu ai, pea 'e sai e me'a kotoa.

Wait ... a whisper: Tapani. Tapani. I nearly fainted. OMG they even know my name. Even worse, something grabbed me by the arm. I freaked out. But I knew if I screamed, the whole neighbourhood would be there and the whole village would know: oh Tapani is scared of ghosts. Even my imaginary girlfriends might have a giggle or two at my expense.

'Oleva ... koe ki'i fanafana ... Tapani! Tapani! Kou meimei pongia au ... 'oiaue fakapó kuo nau 'ilo mo hoku hingoá. Kovi tahá ko e toe ala mai e fu'u nima 'o puke au. Kapau teu kaila 'e 'osi mai e koló pea 'e 'ilo kotoa 'ehe kakai 'eku ilifia tēvoló, pea toe maki'i mo fakamama'o atu e fanga ki'i tamaiki fefine ia na'a nau kamata fakamanifi mai kia aú. Ki'i faka'amu noa pe.

But it was my two friends, well they were really my friends. I just couldn't stand their picking at me, but they were really decent guys at heart. I knew that.

Tá koá ko hoku ongo kaungāme'á, ... 'io hoku ongo kaungāme'á. Hake pe 'eku kātakí he fu'u lahi 'ena fakamatalilí. Ka na'aku 'ilo pe 'e au ko hoku ongo kaungā tangata.

They grabbed me. Stopped me running off down the road to Ha'avakatolo. Come back, come back, please, please.

Na puke au. Ta'ofi na'aku lele he halá ki Ha'avakatolo. Tau foki, tau foki, kātaki e, kātaki.

I was so relieved. All the ghosts can see my army of two – they're big and there's three of us now to fight them off if they've got any funny ideas. So I knew that they all have gone - swhiiishh -back into their coffins, closing the lids and everything is all good again.

I'm saved.

Tó hifo hoku lotó. Sio kotoa mai e fanga tēvoló ki he 'eku kautaú … e toko ua, ongo fu'u siana lalahi, tolu 'aki au, lava pe kemau laiki nautolu kapau tenau fiema'u ha me'a. Pau pe kuo nau 'osi foki kotoa ki honau taki taha luó, pea kuo sai pe me'a kotoa.

Ku ou toe mo'ui.

And we three went back to our little hut. Nothing more was said. Nothing needed to be said. And we were all good friends again.

Mau toe foki kotoa ki homau ki'i falé. Mau fakalongolongo pe. 'Ikai ha 'uhinga ke lea ha taha. Kei tu'u fefeka pe homau vaá.

Postscript

'Ikai Ngālo

Many years later I met up with one of them, Sione, in Brisbane, Australia. His illustrious rugby career had ended by then and we were both working men with families. He said to me: "I remember that night you took off from our boarding house at Kolovai. But you know Tapani when it's time to leave the nest, the eagles will fly away leaving all the seagulls behind."

'Osi e ngaahi ta'u lahi kou fe'iloaki atu mo Sione 'i Pilisipaini, Aositelēlia. 'Ikai ke toe va'inga e tangatá pea kuo ma taki taha mali eni moe famili. Pehé mai a Sione: "Kou manatu'i lelei ho'o hola mei hotau ki'i fale ako nofoma'u 'i Kolovai. Ka 'oku ke 'ilo ko á Tapani, ko e hoko pe 'a e taimi mavae 'o e 'Ikalé pea puna ia 'o kumi 'ene mafuá, ka e nofo atu pe fanga motukú."

I knew exactly what he meant, did not know what to say and remained silent. He was the quietest and most humble of men, well known for speaking only rarely. When he did, you listened.

Mahino lelei 'aupito pe kiate au 'ene 'uhingá. 'Ikai ke 'i ai ha'aku tali, peau fakalongolongo pe. Ko e tangata natula fakalongolongo a Sione, ka na'e há mahino 'aupito 'a 'ene anga fakatōkilaló, pea ko e taimi 'oku lea aí, pea 'oku longo kotoa, 'o fanongo.

And I realised that even after all his amazing achievements, captain of the Tongan National Rugby team, leading them to the famous victory over the Wallabies, and acclaimed as World's best No 8. he didn't seem to realise that of all of us, he was the eagle that flew the highest and furthest.

Pea mahino kiate au neongo 'ene lava me'á, kapiteni he timi 'akapulu Tau Fakafonua 'a Tonga na'a nau mālohi he Wallabies 'a 'Aositeléliá, pea fili'i ia ko e Fika 8 tu'ukimu'a/lelei taha 'i mamani kotoá, mahalo na'e 'ikai lave 'iloa ki ai, Ko ia, 'a e 'ikale na'e puna mā'olunga tahá ... mo mama'o tahá.

My deepest respect, love you ... Sione Mafi.

Mo e faka'apa'apa mo'oni ... 'ofa atu ... Sione Mafi.

Our Team

Kau Ngāué

The Writer

Tokotaha Fa'u Tohí

Sione Tapani Mangisi was born in Niua when his father Dr Sione Mangisi, was working there as its medical officer. He spent his early childhood in Mu'a, before the family moved to Nuku'alofa, Kolovai then to Ha'avakatolo in Hihifo. His primary schooling started at Kolomotu'a, then Kolovai before he won a place at Tonga High School in 1960, finishing in 1965.

Na'e fanau'i 'a Sione Tapani Mangisi 'i Niua lolotonga 'a e ngāue fakatoketá ai 'ene tangata'eikí ko Sione Mangisi. Nau hiki mei ai ki Mu'a, Nuku'alofa, Kolovai pea toki Ha'avakatolo. Kamata e ako teu 'a Tapaní 'i Kolomotu'a, Kolovai pea toki hoko atu ki he Ako Mā'olunga 'o Tongá mei he 1960 ki he 1965.

When Tapani was 16 he left Tonga for New Zealand, one of several young people who were awarded places in apprenticeship and training programmes in New Zealand in 1966. He qualified for his Advanced Trade Certificate in Refrigeration and Air Conditioning and his Electrical Certificate before returning to Tonga in 1971. He worked on the MV Tauloto 1, a Tongan ship trading between Tonga, Australia, New Zealand, Fiji and Samoa as Chief Refrigeration Officer. He also holds a Bachelor's Degree in Social Science from Deakin University in Australia. He completed one year towards his Masters degree at the University of Queensland, deferred.

'I hono ta'u 16 na'e 'alu ai 'a Tapani ki Nu'usila mo e fa'ahinga ke he pe, ko e kau ako ngāue ma'ae fonuá 'i he 1966. 'Osi 'a e akó pea ne foki ki Tonga he 'osi e 1971. Ngāue he vaka ko e Tauloto 1, ko e 'Enisinia Pule he naunau 'aisí. Folau mei Tonga, 'Aositelēlia, Nu'usila, Fisi, Ha'amoa. Toki ma'u hono BA kimui ange mei Deakin University 'i 'Aositelēlia. Na'a ne kamata hono MA 'i he 'Univesiti 'o Kuinisilaní pea ne toloi he 'osi pe 'a e ta'u e taha.

He returned to New Zealand in 1973 and was married to Irene Webley in 1976. The couple travelled to Australia in 1977 and have lived there ever since until his retirement in 2013. Tapani worked in construction as a senior project manager in building services and had the privilege of working on many of Australia's most important buildings, including the new Parliament House in Canberra, Federation Square and the State Library in Melbourne and the new Griffith University Hospital at the Gold Coast, Queensland. His job took him to projects in Vietnam and Christmas Island as well as to many other places in Australia.

'I he 1973 na'e foki ai 'a Tapani ki Nu'usila pea mali ai mo Irene Webley he 1976. Na hiki ki Melipoane he 1977 pea 'oku na kei 'i ai pe 'o a'u ki he 'ene mālōló mei he 'ene ngāué 'i he 2013. Na'e ngāue 'a Tapani koe taki ngāue 'i he ngaahi langa lalahi taha 'i 'Aositēlēliá hangé ko e Falealea Fakafonuá 'i Kenipela, ngāue lalahi 'i Melipoane, Kuinisilani, Vietinami mo e ngaahi feitu'u ke he foki.

Tapani's parents are Mele Inu ki Ha'angana Mataele from Neiafu, Vava'u and Dr Sione Mangisi MD of Ha'avakatolo, Hihifo, Tongatapu.

Ko 'ene ongo matu'á ko Mele Inu ki Ha'angana Mataele me i Neiafu Vava'u pea mo Toketá Sione Mangisi me i Ha'avakatolo, Hihifo, Tongatapu.

Editor and Design Manager
Koe 'Etitá mo e Tufungá

Irene Webley was born in Palmerston North in New Zealand and is descended from settler families who arrived in New Zealand from England initially in the mid nineteenth century.

Na'e fanau'i 'a Irene 'i Palmeston North 'i Nu'usila pea ko hono famili ko e kau hiki mai mei 'Ingilani 'i he ngaahi ta'u 'o e 1850.

She has worked in a wide range of roles including secondary teaching and university lecturing. More recently she developed a marketing career working for Telstra in Australia. Leaving that company, she developed her own business as a consultant specialising in pricing and marketing. After retiring she began to learn how to paint and to write creatively in both fiction and non-fiction genres. She has special interests in portraits and in writing for children.

Na'e ngāue fakafaiako 'a Irene 'i he Ako Mā'olungá pea mo e ngaahi Univesití pea ne hiki mei ai ki he kautaha Telstra 'i 'Aositelēlia pe. Mālōló mei ai 'o fakalele pe 'ene ngāue pe 'a'ana. 'Osi ia pea ne kamata ke tá valivali mo fa'u tohi ma'ae fānaú.

Irene holds a Masters Degree by full thesis from Victoria University of Wellington NZ.

Na'e ma'u 'a e mata'itohi MA 'o Irene me i he 'Univesiti ko Vikatoliá 'i Uelingatoni Nu'usila.

Irene's parents are Athol Webley of Petone and Alma Grace Mills of Shannon, NZ.

Ko 'ene ongo matu'á ko Athol Webley mei Petone mo Alma Grace Mills mei Shannon, NZ.

Irene and Tapani have two children, Lasale and 'Uhila, one son-in-law Roy Tisau Cocker and four wonderful grandchildren: Siesia, Roy, Elizabeth and Charlotte.

Ko Irene mo Tapani 'oku 'i ai 'ena toko ua, ko Lasale mo 'Uhila, mali 'o Lasale ko Roy Tavakenisau Cocker. Mo e makapuna e toko fá ko Siesia, Roy, 'Ilisapesi mo Salote.

The Illustrator
Tokotaha Tā Fakatātāá

Elizabeth Paris Cocker is one of Tapani's four grandchildren and she lives in Melbourne. She illustrated the first book (MM1) in this series, *Marbles and Mangoes* as well as this one, (MM2) *Slates and Ghosts*.

Ko e taha hoku fanga ki'i mokopuná ko 'Ilisapesi Pālesi Koka. Mau nofo vāofi pe heni 'i Melipoane. Ko ia na'ane tá e fakatātá ki he 'uluaki Tohí (MM1) *Mapu moe Mango* pea ne toe tá pe mo e fakatātá 'o e Tohi hono Uá (MM2) ko e *Makatohi mo e Tēvolo*.

The Covid-19 pandemic has meant the family has had to be more separate than normal. No play visits, no sharing meals, and no hugs and kisses. We have all missed each other so much even though we talk every day and Facetime.

Hanga 'ehe Koviti-19 'o veuki 'a e me'a kotoa pe 'oku ne nono'o 'a 'etau fe'ofa'aki fakafamilí. Tapu é, tapu mo é, toe tapu pe mo é. 'Oku ou sio loto atu pe ki he tó kelekele 'a lo'ifofonga 'i homou ngaahi mafu tefuá. Tatau pe mo kimaua neongo 'a e talanoa telefoni he taimi lahi.

The grandchildren have had fun inventing different virtual hugs as well as new ways to share birthdays and special occasions like Father's Day and Mother's Day. Nothing beats real hugs, is there?

Feinga e fanga makapuná e ngaahi founga kehekehe ke fakamanatu 'aki 'a e Sapate Tamaí mo e Sapate Fa'é. 'Ikai pe tatau ha me'a mo 'ete 'uma lolomi ki hoto fanga ki'i makapuná.

Tapani and Elli weren't able to work together like they did with *Marbles and Mangoes*. So they met up at the park when restrictions were lifted a little and discussed this new book and Elli listened to audio recordings of the stories he sent to her and they discussed them together on Facetime.

Ko e fetu'utaki mo e Fefine tá fakatātāá ('Ilisapesi) na'e talanoa'i telefoni pe mo e ngaahi founga kehe kau ai mo e fe'iloaki he paaka kema talanoa ki he ngaahi me'a 'oku ou loto kene tá mo e anga 'o e fo'i talanoa MM2 ke mahino ki ai, pea 'alu leva e Fefiné 'o tá 'a e ngaahi fakatātá ko ia 'oku 'asi 'i he Tohi koení.

Our Beta Reader
Tokotaha Lautohí

'Aleiteisi Lātūkefu Tangi is our relation from Kolovai and has been a close friend for many many years going back to when we all lived in Canberra in the 1980's. She now lives in Brisbane, Australia.

Ko homau famili a 'Aleiteisi Lātūkefu Tangi mei Kolovai pea kuo laui ta'u e fetauhi'akí tautefito ki he ngāhi ta'u lahi koia na'a mau feohi vāofi ange ai 'i Kenipela 'i he 1980 tupú. 'Oku lolotonga nofo a Teisi 'i Pilisipeini, 'Aositelēlia.

Teisi and Irene have been like sisters in many ways over the years and this relationship has only been deepened through the support of Teisi's mother Vika Heilala 'Otukolo Lātūkefu who first met Irene in 1974, and others of her family who have consistently been kind and loving.

'Oku hangé pe 'a Irene mo Teisí ha ongo tautehiná 'i he anga 'ena femahino'akí mo 'ena fetokoni'akí. Talu pe meihe fuofua fe'iloakl 'a Ireno mo e fine'eiki 'a Teisi ko Vika Heilala 'Otukolo Lātūkefu 'i he 1974 moe ongo'i 'e Irene 'a e fiefia he tali māfana ia 'e Vika Heilala mo e toe 'oe famili mei he taimi koiá 'o a'u mai ki he 'aho ni.

Tapani invited Teisi to be the Beta Reader for this book, MM2 for the following reasons. She has the linguistic skills both in Tongan and English and that she actually started her schooling at the FWPS Kolovai and knows the landscape of life during this period. In addition, she was one of the first to read *Marbles and Mangoes* and to share what it meant to her. And she is a strong advocate of the necessity to ensure that the Tongan language survives the test of time.

Na'e fakaafe'i 'e Tapani 'a Teisi ke hoko ko e Tokotaha Lautohí 'o e MM2 koe'uhí ko 'ene taukei mo maheni lelei 'i he lea fakaTongá pea mo e lea fakaPilitaniá fakatou'osi, pea na'e kamata foki 'a e ako 'a Teisí 'i he FWPS Kolovaí. Na'e kau a Teisi 'i he fuofua kakai na'a nau lau 'a e MM1 *Mapu moe Mango*, pea ne fākalau mai kiate au 'a 'ene fiefia, malie'ia moe māfana 'i he 'osi 'ene lau 'a e tohí. 'Oku ne taukave'i foki ha ngāue pe, fekau'aki mo ha feinga ke tolonga mo tu'uloa ai e lea fakaTongá.

We are very much proud that Teisi has agreed to join our little team and help us deliver Manatu Melie 2, *Slates and Ghosts* for all our readers.

Mau fiefia mo fakamālo 'i he loto lelei 'a Teisi kemau kaungá ngāue 'i hono fa'u mo tohi 'a e Manatu Melie 2, *Makatohi mo e Tēvolo* ma'a moutolu hono katoa.

Reader Feedback

Ho'omou Ngaahi Tokoní

In *Marbles and Mangoes* (MM1) I used the macron on vowels at the end of words where traditionally an acute accent would immediately follow the vowel. This acute accent was used to show emphasis when reading. We could not find a symbol like this in Microsoft Word, so I used the macron instead because it also indicated that the vowels should be lengthened when read.

'I he *Mapu moe Mango* (MM1) na'aku ngāue 'aki 'a e toloí ka e 'ikai koe fakamamafá 'i he vauele faka'osi 'o e fo'i leá. 'Uhingá pe ko e 'ikai ke 'i ai ha fakamamafa tatau ia 'i he Microsoft Word. Ko ia ai na'aku ngāue 'aki 'a e toloí ke fakamanatu kia kita 'e fakalōloa 'a e pu'akí.

People were very kind and shared their feedback that it is now customary to use the acute accent **on** the vowel (instead of after it), for example **á** or **é**, so I have adopted this practice in this book MM2.

Fakamālo atu 'i ho'omou fakatokanga'í mai ko e fakamamafá 'oku sai pe ke 'ai 'i 'olunga he vauelé ka e 'ikai ke 'i he to'omata'ú hangé kuo tau maheni ki aí. Ko ia 'i he tohi ko ení MM2 neu ngāue 'aki 'a e á pe koe é.

Other people showed me where a few typos occurred. Thank you for that. I try very hard as you can imagine, to eliminate errors like this, but occasionally one or two slip through and when you point them out, I correct them in later editions.

Fakamālo atu kia kimoutolu na'a mou tokoni mai 'i he ngaahi fetō'oaki 'i he sipalá. Teu matu'aki feinga ke 'oua e hoko, pea teu ngāue leva ke fakalele'i 'i he vave tahá.

Other Publications

Ngāhi Tohi Kuo 'Osi Pulusi

Sione Tapani Mangisi has also published two versions of **Manatu Melie 1**

1. *Marbles and Mangoes/Mapu moe Mango*, 2020. English/Tongan version.
2. *Mapu moe Mango*, 2020. Tongan version.

Sione Tapani Mangisi mo e tohi Manatu Melie 1 kuo 'osi pulusi.

1. *Marbles and Mangoes/Mapu moe Mango*, 2020 Lea fakaPilitānia/fakaTonga.
2. *Mapu moe Mango*, 2020. Lea fakaTongá pe.

Contact Us

Fetu'utaki Mai

Contact Tapani to chat or to buy a book

puletaupublishing@gmail.com

Fetu'utaki mai kia Tapani ke mo talanoa pe ko e fiema'u ha'o tohi.

puletaupublishing@gmail.com

www.ingramcontent.com/pod-product-compliance
Lightning Source LLC
Chambersburg PA
CBHW051539010526
44107CB00064B/2787